Without

액자 바깥을 거닐며

AROUND

Vol. 88
2023 April

지키고 싶은 장면 On Earth

ISSN 2287-4216
ISBN 979-11-6754-020-1
KRW 18,000

Yoon Hoseob, Shin Jihye, Seed Keeper, Jun Bumsun & Pyun Jiji, Vegan Tiger,
Padosikmul, Warmgreytail, AROMATICA, RE;CODE, dnas

환경에 대한 주제는 자신이 없었다. 전문적인 지식도 없이 우리가 이런 내용을
다뤄도 괜찮은 걸까?《AROUND》는 폐종이를 사용한 재생 용지 '그린라이트'를
창간호부터 꾸준히 사용하고 있다 보니 환경에 관심 있는 분들의 연락을 종종
받는다. 그동안은 이야기를 들을수록 목소리를 내는 게 더 자신 없어지곤 했는데
이제는 용기를 내야 할 때가 왔다. 더는 미룰 수 없는 이야기가 쌓였고, 완벽한
이야기보다는 작은 목소리를 모아 보고 싶었기 때문이다.
코로나19를 겪으면서 배달되어 오는 포장 상자를 불편하게 생각하는 사람이
늘었고, 미세먼지며 지구 온난화 등 우리는 계속해서 지구의 경고를 듣고
있다. 멀리 내다보며 우리 다음 세대를 위해 하는 일은 눈앞에 보이는 변화가
없다 보니 실천을 이어가기 힘들다. 그런데도 더 나은 세상을 꿈꾸며 이어오는
사람들이 있다. '이 자연과 생태계와 이웃과 모든 사물을 이롭게 하는 게
무엇일지' 생각한다는 윤호섭 교수님을 비롯하여, 여러 사람과 브랜드의 고민을
들어보았다. 모두가 지키고 싶은 장면을 떠올리며 더 나은 세상을 꿈꿔보는 봄을
맞길 바라며.

김이경—편집장

Contents

A Frame

임정현·한유원—드나스dnas

에디터 이주연

어느덧 봄이네요. 요즘 어떻게 지내나요?

정현 촬영과 보정에 집중하면서 지내고 있어요. 그 과정을 몇 번 반복하고 나면 어느덧
달이 바뀌어 있더라고요. 벌써 1분기가 다 지나갔다니, 믿기지 않네요(웃음).

유원 오운더스탠드OWNDERSTAND로 상업 영상 작업을 여전히 열심히 하며 지내요.
바쁜 나날이지만, 올해는 개인 작업 할 시간도 만들어 보려고요.

**드나스는 작업실 개념이라고 이야기하신 바 있지요. 창작자들이 이곳에서 자유롭
게 작업하길 바란다는 의미를 담았다고 했는데, 만일 두 분이 드나스에 방문한 창작자
라면 어떤 작업을 해보고 싶어요?**

정현 드나스를 운영한 지 얼추 2년이 되어 가는데, 이제 저한텐 집보다 오래 머무는
공간이 되어 버렸어요. 여기서 작업을 선보이게 된다면, 친구 집에 놀러 가듯 부담 없이
편하게 방문할 수 있는 형태의 전시를 해보고 싶어요. 전시를 보러 왔다기보다는 친구
집에 놀러 와서 친구의 취향이 묻어 있는 공간에 잠시 쉬었다 가는 느낌을 주는 전시요.

유원 지금도 종종 그렇게 사용하고 있는데, 특별한 작업 공간보다는 친한 친구들과
큰 테이블에서 담소를 나누며 보내는 시간을 상상하게 돼요.

**편안한 공간이 되길 바라는군요. 두 분은 드나스를 함께 운영하지만 활동 영역이
조금 다르지요. 정현 씨는 사진, 유원 씨는 영상인데요. 두 분은 처음 카메라의 매력을
어떻게 느끼게 되었어요?**

정현 대학교 1학년 때 필름 카메라를 구입하게 됐어요. 첫 카메라는 니콘 FM2였지요.
원래는 비교적 저렴한 자동 필름 카메라를 사려고 했는데, 사장님께서 수동 필름
카메라로 노출과 초점을 직접 맞춰가며 찍는 게 더 즐거울 거라며 추천해 주셨어요.
확실히 수동 카메라를 사용한 덕분에 사진 찍는 즐거움을 더 많이 느끼게 되었지요.
새삼스레 사장님께 감사해지네요(웃음). 그때 동기들을 많이 찍었는데, 사진을
스캔해서 메신저로 보내주면 친구들이 엄청 좋아했어요. 그런 모습을 보는 게 저한테도
큰 즐거움이었지요. 그때 누군가를 찍고 찍히는 일이 즐거움이란 걸 알게 됐어요.

유원 저는 그림 그리는 걸 좋아해서 디자인과로 진학했어요. 거기서 영상 디자인을
접하게 됐죠. 그러면서 제가 하고 싶은 게 제 생각을 표현하는 거란 걸 알게 됐는데,
동시에 그 수단이 꼭 붓일 필요는 없겠다는 생각이 들더라고요. 그래서 카메라로
이야기를 만들고 생각을 표현하자고 마음먹었어요.

첫 작업이 궁금해지는데요.

정현 제 첫 작업은 친구 프로필 사진이었어요. 배우를 꿈꾸던 친구가 먼저 제안해
주었고, 콘셉트와 목적을 가지고 사진을 찍는 건 저도 처음이어서 일상의 풍경을 찍을
때랑은 또 다른 즐거움을 느꼈어요.

유원 저는 학교 과제가 첫 작업이었어요. 처음으로 이야기를 쓰고 카메라로 찍고
편집했는데, 수업 때 교수님이 제 영상을 보시곤 감동하셨다면서 그 수업을 들은
학생들에게 술과 밥을 사주셨어요. 그때 '영상 작업을 계속해 봐도 되겠구나.'
생각했죠. 나중에 알게 된 사실이지만, 그 이전 기수도, 그 전전 기수도 밥을
사주셨다고(웃음)….

**(웃음) 교수님의 감동은 진심이었을 거예요. 세상엔 참 많은 풍경과 장면이 있어요.
어떨 때 담고 싶다는 생각이 들곤 해요?**

정현 '아, 지금 이 장면 너무 아름답다.'고 느낄 때요. 제가 지금 보고 있는 순간이
흘러가는 게 아쉬워서 오래도록 간직해 두고 싶을 때, 내가 보는 풍경을 다른
사람에게도 보여주고 싶을 때 특히 그래요.

**사진에 속도감이 있다는 말은 조금 아이러니하지만, 정현 씨 사진은 느리게 흘러가
는 느낌이에요. 무언가를 가만히 바라보고 있다는 인상이지요.**

정현 제 눈으로 보는 장면을 사진으로 담다 보니 제가 지닌 성향이나 취향이 사진에
자연스럽게 묻어나온다고 생각해요. 시끄러운 곳보다는 고요한 곳을 좋아하고, 성격도
빠릿빠릿하기보다는 느긋해서 더 그런 사진들이 나오는 것 같아요.

**"멈춰 있지만 흐르는 것 같은, 살아 있는 것처럼 보이는 사진을 찍고" 싶다는 이야
기를 하신 적이 있죠. 그래서인지 부서지는 파도 사진을 보는데도 느릿하게 흩어지는
물방울이 연상되더라고요.**

정현 아, 지금 말씀하신 파도 사진 저도 참 좋아하는 작업이에요. 움직이는 무언가를
사진으로 담았을 때 풍기는 특유의 느낌이 있어요. 달리는 차 안에서 찍은 사진이나
아이들이 뛰노는 장면 같은 것이 특히 그렇지요. 그렇게 담은 장면들은 사진임에도
그 전과 후의 장면을 함께 보여주는 것 같아요. 느린 속도로 움직이는 영상처럼
보이기도 하고요.

두 분은 어떤 사진을 보았을 때 좋다는 느낌을 받아요?

유원 저는 영상 작업을 하고 있어서인지 유독 다큐멘터리 사진에 눈길이 가더라고요.
사람이 있는 경우엔 그 사람의 사연이나 이야기가 읽히고, 사물인 경우엔 저게 왜
저 자리에 있을까… 하고 시간성을 생각해 보게 돼요. 그런 생각을 이어가게 해주는
사진들을 좋아해요.

정현 저는 감정이 느껴지는 사진이요. 그래서 인물 사진을 좋아하는 편이에요. 사진 속
인물이 느끼고 있을 감정이 상상되면, 그 사진에 좀더 몰입하게 되거든요. 풍경에서
계절감이나 냄새가 감각적으로 느껴지는 이미지도 좋고요.

**그래서인지 드나스 사진에선 계절감이 유독 두드러져요. 우리나라의 특징 중 하나
는 사계절이 또렷하다는 것이지요. 그러나 점점 사계절의 경계가 모호해지고 너무 춥거
나 너무 더운 계절이 반복되고 있어요. 자연이, 환경이, 지구가 현재 위기 상황이라는
것을 어떨 때 느끼곤 해요?**

정현 지금 말씀해 주신 딱 그 부분이요. 너무 덥거나 너무 추울 때…. 그런 날이 길어질

때면 환경이 달라졌다는 걸 온몸으로 체감해요.

유원 요즘 정말 자주 느끼고 있어요. 크고 작은 재난도 그렇고, 정책적으로나 사회적으로 바뀌는 것이 많아졌어요. 생활 방식 또한 그렇고요. 불편하게 사는 게 좋다고 느끼는 건 살면서 처음인 것 같아요.

사계절이 더 모호해지기 전에 여쭤봐야 할 것 같아요. 어떤 계절 좋아하세요?

정현 가을이요. 가장 좋아하는 날짜도 이야기할 수 있어요. 9월 3일. 스물한 살 때 도서관에서 나오는 길에 본 노을 지는 하늘을 잊을 수가 없거든요. 여름 끝자락 선선해진 저녁 공기를 느끼던 그 순간이 정말 행복했어요. 그 순간 '오늘 날짜를 기억해 놔야지.' 하고 달력을 보았죠. 누군가 좋아하는 계절을 물을 때마다 그날 그 순간이 떠올라요.

유원 저도 가을이 가장 좋아요. 여름과 겨울처럼 기술과 맞닿아 지내야 하는 인위적인 계절이 아니어서 가장 자연스럽다고 생각하거든요. 봄도 좋아하는데, 요즘은 미세먼지와 황사 때문에 어느 순간 부정적인 계절로 인식하기 시작했어요.

미세먼지와 황사 또한 자연이 보내는 적신호겠지요.

유원 여러 나라에서 자연재해가 일어나는 빈도가 높아지고 있어요. 그럴 때마다 환경 문제를 실감하게 되죠. 자연재해가 잦아지는 동시에 피해 규모도 점점 커지는 것 같아요. 자연재해는 내 의지와 상관없이 찾아오고, 내 힘만으로는 막을 수 없기에 더욱 무섭다고 느껴요.

우리는 쉼과 여유를 생각하며 곧잘 자연을 떠올리곤 해요. 그러면서도 알게 모르게 지구를 파괴하는 행동을 의식 없이 하고 있지요. 이제는 자기만의 기준을 두어야 할 때 라고 생각하는데, 두 분은 어떤 기준을 두고 살아가고 있어요?

정현 솔직히 말하자면 저희는 지구를 지키는 일에 적극적으로 행동하는 편은 아니에요. 텀블러를 항상 챙겨 다니지도 않고, 채식을 지향하지도 않거든요. 그래서 이 질문을 받고 마음 한쪽에 부끄러움과 반성이 생기기도 했는데. 하지만 자연에 해를 끼치는 행동에 대한 불편함, 자연은 인간의 소유물이 아니라는 미안함은 항상 품고 지내려고 해요. 동시에 자신의 불편함을 감수해 가며 일상의 실천으로 옮기는 분들의 행동에 대한 지지와 존경도요.

시작하는 마음으로는 충분하지 않을까요. 사랑은 작은 실천, 조그만 마음에서부터 출발하니까요. 저는 자연 속에 있을 때면 이 풍경을 꼭 지키고 싶다는 생각이 자주 드는 데, 왜 우리는 자연을 평화롭다고 여기는 걸까요?

정현 평소에 너무 인위적인 풍경 안에서 살아가고 있어서가 아닐까요. 인위적인 풍경 안에 놓였을 때는 액자에 갇혀 있다는 느낌을 받기도 하는데, 자연에 있을 땐 어떤 프레임도 없는 넓은 공간에 있다고 느껴요. 자연은 시간의 흐름에 맞춰 모습을 계속 바꾸잖아요. 같은 시간이어도 어제와 오늘의 풍경이 다르듯, 내일은 또 다른 모습일 테고요. 그래서 자연에서는 조금 더 순간순간에 몰입하게 되는 것 같아요.

꼭 지키고 싶은 지구의 풍경 있어요?

정현 우리가 늘 지나다니며 보아온 크고 예쁜 나무가 오래도록 그 자리를 지키면 좋겠어요. 어릴 때 보고 지낸 나무를 어른이 되어서도 볼 수 있다면 기쁠 거예요.

Love Of Green

초록을 심은 사람

윤호섭―그린 디자이너

에디터 이주연
포토그래퍼 Hae Ran

냉장고와 자가용 없이 사는 사람, 한때 전기와 수도를 모두 끊고 지낸 사람, 매년 〈녹색여름전〉을 열어 그린 메시지를 전하는 사람. 윤호섭 선생님께 인터뷰를 제안하니 전화가 왔다. "윤호섭입니다." 중후하지만 어딘가 개구지고, 그러면서도 단단한 목소리다. "인터뷰 좋습니다. 그런데 한 가지 조건이 있어요. 제 작업실에 방문하려면 《나무를 심은 사람》을 필사해야 해요." 흔쾌히 "할 수 있어요!" 대답했는데, 책이 생각보다 길고 내용이 방대하다. '쓸 수 있어요.'가 '너무 긴데….'로 변하는 건 삼시간이었는데, 양손 주무르며 필사를 마치고 나니 투덜거림이 부끄러워진다. 써본 사람은 안다. 왜 《나무를 심은 사람》인지, 선생님이 전하고 싶은 메시지가 무엇인지, 앞으로 우리가 이 지구를 위해 어떤 책임을 다해야 하는지.

"제 눈초리 하나만으로 사람들 마음이 잠시라도 편해지면 좋겠어요.
그런 역할을 하는 사람이 되고 싶고요."

'그린캔바스'에 오게 되어 기뻐요.
여름이 되면 칡이 지붕 위로 잔뜩 자라 무성해지는데,
아직 겨울이라 좀 삭막하지요. 날이 따뜻해지면 훨씬
그린캔바스다워져요. 안녕하세요, 윤호섭입니다.
여기는 그린캔바스라고 이름 붙인 제 작업실이자 전시
공간이에요.

선생님은 '그린 디자이너'라고 불리고 있죠. 직접 소개를
들어보고 싶어요.
저는 손을 뻗어 잡히는, 재미있는 일을 하는 사람이에요.
누군가를 해치거나 경쟁하지 않고, 재미있는 일 없나
두리번거리면서 하루하루 평화롭게 지내고 있죠.
인간으로서 해야 할 도리를 하나가면서요. 빈둥빈둥
지내는 것 같지만 언제나 함께 살아가는 존재들을 마음에
품고 있어요.

요즘엔 어떤 재밌는 일을 만나셨어요?
음… 토끼 그린 거요. 올해는 검은 토끼 그림으로
달력을 만들었거든요. 저는 2002년부터 손으로 직접
쓴 숫자들로 달력을 만들어 왔어요. 제 글씨로 만들기도
했고, 개인적으로 매력을 느낀 사람에게 글씨를 부탁해서
만들기도 했죠. 유명한 사람도 있고, 이름 없이 활동해

오는 사람도 있고, 어린아이도 있었어요. 2022년이 딱
20년 되는 해여서 이제 그만 만들어야겠다 싶었는데
작년에 한 친구가 그러더라고요. "내년이 계묘년이라는데
교수님 댁에 까만 토끼 있잖아요." 그 말을 듣고 나니
안 만들 수 없겠더라고요. 검은 토끼를 그려서 달력을
만들어야겠다는 마음은 일찍 먹었는데요. 이 일, 저 일
하다 보니까 어느새 시간이 훌쩍 흘러 있었어요. 달력은
새해가 오기 전에 만들어야 하니까 서둘러 그려야 했죠.
사실 그림 달력을 쉽게 생각하긴 했어요. 그리기 시작하면
하루 이틀 만에 될 것 같았거든요. 귀를 크게 그리고
까맣게 색칠하면 어느 정도 비슷할 거라 생각했는데,
그렇게 그려봤더니 모양만 토끼지 이상하게 감동이 없는
거예요. 게다가… (앞에 놓인 검은 파스텔을 가리키며) 이걸로
작업한 건데 파스텔은 가루가 날리거든요. 시간이 얼마
없어 종일 그림만 그리며 지냈는데 그때 기관지에 무리가
갔나 봐요. 어느 날 갑자기 숨이 안 쉬어지더라고요.

예?
바로 병원으로 갔죠. 침착하게 진료받을 상황이
아니었어요. 숨이 안 쉬어지니까 말 그대로 죽을 것
같았어요. 닷새 동안 꼼짝도 못 했죠. 엑스레이도 찍고
피 검사도 했는데 다행히 큰 문제는 없다고 하더라고요.
토끼 그리는 것도, 달력 만드는 것도 가볍게 생각한 걸
반성하게 되더라고요. 무엇이든 섣불리 하면 안 된다는
교훈을 얻었어요. 그런 힘든 시간도 있었지만 이 작업으론
얻은 게 더 많아요. 토끼를 계속 관찰하면서 토끼 안에
삶의 단면과 희로애락이 모두 들어 있다는 걸 알았거든요.
7년 동안 토끼랑 같이 살았는데 이제야 그런 깊이를
알다니, 그동안 제가 주변을 너무 가볍게 보고 지나친
건 아닐까 싶었어요. 작업을 마치고 보니 저한테 의미가
굉장히 큰 달력이 되어 있었죠. 그렇지만 수량은 많이 뽑지
않았어요. 인쇄하는 것도, 종이도 다 자원이니까 낭비하면
안 되잖아요.

귀한 경험을 하게 해준 토끼 소개도 들어봐야겠어요.
이름은 '버스킨 라빈스'예요. 토끼 집에 약자로

'B.R.'이라는 글자도 적어두었죠. 올해로 같이 산 지 7년
된 토끼인데요. 7년 전에 이 동네를 돌아다니는 토끼를
우연히 보게 된 게 첫 만남이었어요. 누군가 잃어버린 걸까
싶어서 주인을 찾는다는 포스터를 만들어 모퉁이마다
붙이고 다녔는데 주인이 안 나타나더라고요. 토끼를
키우다 몸집이 커지면 공원에 버리는 사람이 많다고
하는데 여기가 북한산 아래여서 누군가 버리고 간 건가
싶기도 했죠. 유기된 토끼라고 생각하니 측은지심이
들더라고요. 제가 거두는 게 맞겠다는 생각이 들어서 함께
살게 됐어요. 토끼 수명이 7~8년 정도라고 하는데, 아직은
건강해 보여요. 생미나리를 좋아하는 토끼죠.

선생님은 그린캔버스에서 환경 관련된 디자인과 전시를
하고 계시지요. 지금은 그린 디자이너로 지내시지만,
이전엔 내로라하는 광고 디자이너셨다고요. 한국의 펩시
로고도 선생님 작품이라고 알고 있어요.
꽤 오랫동안 광고 디자이너로 지냈지요. 광고 디자인은
저한테 여러 가지를 알려 주었어요. 광고는 제 개인
작업이 아니라 여러 사람이 협업하는 종합 예술이에요.
여러 분야의 사람이 모여 하나의 광고를 만들어내는 거죠.
광고 디자이너로 지내면서 사람들에게 어떻게 하면 더
매력적으로, 더 효과적으로 이야기를 전할 수 있을까 거듭
고민하고 훈련했어요. 제가 만든 광고로 제품이 더 잘
팔리고 브랜드가 잘되는 게 좋았죠.

그러다 회의감을 느끼셨죠. 사람들이 광고에 자극을
받아 물건을 사고, 그 수익으로 또 다른 제품을 생산하면서
나오는 쓰레기가 어마어마하다는 걸 깨달았기 때문이라고
했어요.
옛날에는 지금처럼 물건이나 광고가 많지 않았어요.
그러니까 조금만 뛰어난 제품이 나와도 좋다는 반응이
쉽게 들려왔죠. 그러면서 좋은, 더 좋은 물건들이 계속
보편화되었는데, 광고 디자이너는 여기서 중요한 역할을
해요. 사람들에게 제품을 더 매력적으로 보이게 하는
일을 하니까요. 광고 디자이너로 일할 때는 그 지점에서
굉장한 매력을 느꼈어요. 재미도 있고, 매력도 있고, 돈도
벌고, 이름도 생기고. 광고의 순기능은 필요한 정보를
필요한 사람에게 가장 적절하게 전달하는 일일 거예요.
그 과정에서 전달력을 높이기 위해 여러 방법을 쓰게
되는데요. 대중의 심리를 교묘하게 파고들거나… 하는
방식이 저한테 잘 맞지 않았어요. 광고에 회의감을 느낄
때는 벌써 직함도 꽤 높아지고, 이름도 알려진 뒤였어요.
그제야 제가 뭘 하고 있는 건지, 뭘 해야 하는지 고민이
생겼죠. 그즈음 저는 국민대학교에서 교수직을 맡고
있었는데요. 학생들이랑 의견을 나누다 보니 교육적으로

뭔가를 해보고 싶다는 생각이 들었어요. 광고로 제품을 매력적으로 보이게 해서 새로운 물건을 만들고, 뒤처진 물건을 쓰레기로 양산하는 것보다 디자인을 통해 좀더 자연 친화적으로 다가가고, 순환하는 생태계를 만들면 좋겠다는 생각이 들더라고요. 뭔가를 생산하고 디자인하고 잘 소비하기 위해서는 필연적인 과정이라고 생각했어요. 한국전쟁 직후 어떻게든 돈을 벌어서 잘 살아야겠다는 생각으로 시작한 상업 미술이었는데 흘러 흘러 그린 디자인까지 간 거죠.

그러고 보니 선생님은 한국전쟁을 지나오셨겠군요.
그렇죠, 1943년생이니까요. 한국전쟁으로 가족이 뿔뿔이 흩어졌어요. 저는 11남매 중 막내로 태어났는데 그때 형제들과 헤어져야 했고, 아버지는 생사를 알 수도 없게 됐어요. 전쟁 직후 모든 게 피폐해졌어요. 저는 어떻게든 살기 위해 빨리 돈을 벌어야 했죠.

외람된 이야기일 수도 있는데, 43년생이라는 사실이 놀라워요. 무척 정정해 보이시거든요. 운동을 좋아하신다고 들었는데 그 이유인지도 모르겠어요.
운동은 어려서부터 좋아했어요. 만화가도, 디자이너도 아니면 운동선수가 되고 싶다고 생각했을 정도죠. 계속해서 크고 작은 운동을 해온 덕을 이제야 보는 것 같아요. 계속 운동을 해와서 몸이 확실히 단련되었거든요. 요즘도 계속 서울 이곳저곳을 왔다 갔다 하면서 지내는데, 아직까지는 문제없어요(웃음). 나이가 들면서부터는 체력 관리보다도 재미 위주로 운동하고 있어요. 특히 당구를 자주 치죠. 강도로 치면 당구가 실내 마라톤급이거든요. 한껏 집중해서 치면 그만큼의 피로감과 보람이 있어요. 당구를 치다 보면 특히 신경이 예민해져요. 감각이 둔해지지 않게 하는 데 당구가 큰 역할을 했죠.

(기척이 느껴진다.) 어? 선생님, 잠깐만요. 저기 새가 왔어요. 사과를 먹는데요?
놀라지 마세요, 종종 오는 친구예요(웃음). 저 사과는 와서 먹으라고 일부러 둔 거고요. 새들이 자주 오니까 작은 바구니를 천장에 매달고 그 안에 사과를 넣어 뒀거든요. 사과도 아무 사과나 놓지는 않아요. 맛있는 것들로 골라서 담아 두죠. 같은 녀석인지는 모르겠는데 하루에도 몇 번씩 와서 사과를 쪼아 먹고 가요. 재미있는 건, 저 공간에 토끼랑 새가 같이 있잖아요? 그런데 서로 견제하지 않는다는 거예요. 자기에게 해를 끼치지 않을 거라는 걸 아나 봐요. 그러니까 토끼도 제 영역에 새가 와도 아무렇지 않고, 새도 주변에 토끼가 있어도 경계하지 않는 거죠. 서로 한 공간에 잘 어우러져 있더라고요.

귀엽고 기특하네요(웃음).
나이를 먹을수록 저들처럼 경쟁과 갈등에서 멀어진 관계를 그리게 돼요. 머리로는 항상 원하지만 마음처럼 쉽게 되지는 않죠.

맞아요. 경쟁에서 오는 속도감도 지치고요. 그런 과정에서 환경 문제도 점점 더 크게 대두되는 것 같아요. 그래도 요즘은 개인이든 기업이든 환경 감수성이 좀더 예민해졌다고 생각해요.
오히려 지금은 환경 문제에 대책이 없으면 곤란하죠. 저는 모든 환경 인식이 윤리나 정의 차원에서 근본적으로 받아들여져야 한다고 생각하는데요. 환경 문제를 기업 이미지를 쇄신할 기회로 삼는 경우도 있어요. 그러나 그렇게라도 받아들이고 표현하는 것이 중요하다고 봐요. 그래야 상황을 직시하고 바라볼 수 있게 되거든요. 인류는 지금 결정적인 상황에 맞닥뜨렸어요. 모든 영역에서 예민함이 요구돼요. 특히 저널의 역할과 책임이 막중해졌죠. 그러니까 이 인터뷰도 대중에게 정보를 전하고 문제를 인식시키는 중요한 역할을 하고 있는 거예요.

갑자기 어깨가 무거워지네요. 교육적인 측면에서도 마찬가지겠지요. 선생님은 1995년 학부에 계열 교양 필수 과목으로 '환경과 디자인'을 개설했고, 2003년에는 디자인대학원에 '그린 디자인' 전공을 신설하셨어요. 환경 문제를 교육이랑 결합하는 게 쉬운 일은 아니었을 것 같아요.
저는 환경 문제를 전문적으로 공부한 사람도 아니고, 논문을 쓰거나 전공한 것도 아니에요. 단순히 책임감과 열정만 가지고 무작정 시작한 건데 사람들이 공감하고 응원해 주니까 하나씩 해나갈 수 있었어요. 그때는 아는 게 얼마 없어서 책을 엄청나게 사들이고 닥치는 대로 읽었어요. 환경을 위하는 책이다 싶으면 무작정 다 사 모아서 읽은 거죠. (옆에 있는 책을 가리키며) 이것도 그런 책 중 하나예요. 《Walking》이라는 책인데, 녹색 공간을 바라보는 자연과 인간에 관한 입장을 알고 싶어서 샀어요. 이런 책이 안채에 수두룩하게 모여 있죠. 건축 쪽에서는 패시브 하우스도 그렇고, 이미 환경적인 개념이 일찍이 들어와 있었거든요. 근데 디자인 쪽에는 그런 선례가 없으니까 맨땅에 헤딩하듯 여러 분야를 오가며 이것저것 시도해 봐야 했죠. 그때 마침 국민대학교 단과대학 학장을 맡게 돼서 교과 과정을 관장할 수 있게 됐어요. 1학년 교양 필수 과목으로 그린 디자인 과목을 개설한 게 그때 일이죠. 근데 이걸 누가 가르치겠어요. 디자인과 환경을 연결 지어온 사람이 없는데. 그래서 제가 했어요(웃음).

강의는 10년 넘게 해왔는데, 교과 내용은 굉장히 기본적인 거였어요. 지구 온난화, 오존층 파괴 같은 내용을 짚어주는 거였죠. 저는 디자이너고 배운 게 디자인뿐이어서 이렇다 할 깊이는 없었어요. 그래도 계속해서 공부하고 강의해 나간 덕분에 매 학기 300여 명의 학생이 그린 디자인을 익히고 이수하게 되었어요. 제가 아는 이야기만 하는 것보다는 권위 있는 학자나 전문가가 함께하면 좋겠다 싶어 학기 중에 초빙하기도 했고요. 한편에선 환경 문제는 당연히 알아야 하고 기본적인 건데 전공까지 개설하냐는 이야기도 있었는데요. 사실 그렇게 생각하는 게 당연해요. 교수도 없는데 학과를 개설하겠다고 한 거니까요. 그래서 오히려 더 푹 빠져서 하게 됐죠. 그때 환경과 관련된 개인적인 퍼포먼스도 많이 했어요.

인사동에서 헌 티셔츠에 그림 그리신 것도 그런 일 중 하나겠네요.
맞아요. 처음 환경을 주제로 전시하게 됐을 때, 전시할 만한 걸 생각하다가 집에 있는 옷들이 생각났어요. 옷장을 열어 있는 옷을 다 꺼내봤어요. 근데, 놀랄 만한 양의 옷이 쏟아지더라고요. 사람들한테 과소비하지 말자고 이야기하면서 정작 제 옷장엔 어마어마한 양의 옷이 숨어 있던 거예요. 이 옷들을 사람들에게 어떻게 하면 효과적으로 나누어 줄지 고민하면서 퍼포먼스를 계획했어요. 그냥 옷을 나눠 준다고 하면 관심 가질 사람이 얼마 없을 것 같아서 옷에 그림을 그려서 이야깃거리를 만들자 싶었어요. 그 생각으로 인사동에서 친환경 페인트로 헌 옷에 그림 그리는 작업을 한 건데 엄청난 관심을 받았지요. 그때부터 인사동에 나가 사람들이 가지고 오는 헌 옷에 그림을 그려주는 퍼포먼스를 오랫동안 하면서 지냈어요. 코로나19로 대면 행사가 축소되었을 때는 작업실에서 그림을 그려서 보내주기도 했죠. 여기로 직접 그려달라고 오시는 분들도 있었고요. 이 활동을 통해 사람들과 녹색 공감을 하게 됐어요. 요즘은 기증받은 물건에 그림을 그려서 나눔 가게로 보내주는 일도 하고 있어요.

선생님, 한때 수도와 전기를 완전히 끊고 지낸 적도 있으시잖아요. 그때 이야기도 궁금해요.
후쿠시마 원전 사고를 목격하고 나서 별의별 생각이 다 들었어요. 일본인들과 대화하면서 그 사고가 얼마나 위중한지, 얼마나 큰일인지 내막을 알게 됐어요. 지금도 제대로 알려지지 않은 이야기죠. 그래서 일종의… 문명을 거스르는 퍼포먼스를 해보자고 마음먹었어요. 사실 저희 집 수도와 전기를 끊었지만 그런다고 세상이 변하는 건 아니잖아요. 이 주변만 해도 그대로였거든요. 저는

전기와 수도 없는 집에 살고 있을 뿐 여전히 문명사회의 일원이었던 거죠. 나가면 음식을 사 먹을 수 있고, 목욕탕도, 이발소도 있고, 큰 건물엔 화장실도 있으니까요. 그래서 생각만큼 불편하지 않았어요. 그렇게 3년을 지냈지요.

화장실도 없던 거예요?
네. 몸은 목욕탕에서 씻었고, 볼일은 근처 건물 화장실을 이용했죠. 그 당시 인류가 겪은 건 후쿠시마 원전 사고였지만, 그게 우리나라, 내가 사는 동네 이야기였다면 어땠을까요. 만약 지금 큰 사고로 에너지를 공급하는 회로에 문제가 생긴다면요? 언제나 문명사회를 살아갈 거라는 믿음이 깨지는 순간, 어떻게 될지 예상해 본 적 있나요? 제가 수도와 전기 없이 살았던 건 그런 생각에서 출발한 일이었어요. 그때 남긴 건 마당에 있는 수도 하나였죠. 그 당시 작업실은 바로 뒷집이었는데요. 그러다가 이 공간을 구하게 되어서 화장실이 생겼고, 다행히 지금은 볼일을 여기서 보고 있어요(웃음). 그래도 여전히 냉난방 설치는 하지 않았죠. 난방은 천장에 태양광을 두고 에너지를 수급하여 사용하는데, 제가 하도 전기를 안 쓰니까 쓰는 전기보다 모은 에너지가 더 많을 때도 있어요. 여전히 전기는 많이 사용하지 않고요. 여름에는 전기료가 거의 안 나오다시피 해요. 이 뒤가 바로 안채인데, 전기 매트 하나 꽂고 살고 있거든요. 평년 0도 정도 추위인데, 가장 추울 때는 영하 6도까지 내려간 적도 있어요. 좀 힘들었지만 사는 데는 문제 없더라고요.

여전히 자동차랑 냉장고 없이 살고 계신다고요.
옛날에는 자동차도 있었어요. 포니, 스텔라, 쏘나타…. 근데 환경 문제에 관심을 갖고, 그린 디자인 과목을 개설하고 공부하면서 승용차는 쓰지 말아야겠다는 생각이 들더라고요. 그때부터 대중교통을 이용하고 자전거를 타면서 지냈어요. 대중교통 사용을 전파하려고 캐릭터를 만들어서 활동도 했어요. 사람 크기만 하게 뽑아서 외국에서 전시도 하고, 스티커로 배포도 하고요. 냉장고도 그래요. 그게 꼭 필요할까요? 겨울이면 영하 10도 아래로도 내려가는데 그땐 주변이 다 냉장고 아니겠어요? 생각해 보세요, 채소나 과일이 과연 냉장고에 들어가고 싶어 할까요? 저 어릴 때는 냉장고라는 제품이 아예 없었어요. 냉장고 없이 산다는 얘기가 알려지고 나서는 "냉장고 없이 어떻게 사느냐."는 소리 참 많이 들었는데요. 처음엔 그 말이 굉장히 좌절스러웠어요. 없어도 될 것에 의지하고 사는 것 같아서요. 그렇지만 이제 냉장고는 당연한 가전제품이 되었으니까 그 질문을 불편하게 생각하지 않고 대답을 찾기로 했죠. 우리는 바깥이 영하로 떨어지면

보일러나 난로를 틀어 집 안을 영상으로 만들잖아요. 그렇게 만든 따뜻한 공간 안에 냉장고를 넣고 일부러 영하 온도를 만들어서 음식을 집어넣는 거예요. 인위적이지 않나요? 음식은 냉장고에 들어가면서부터 부패하기 시작해요. 사실 영하 10도면 아파트여도 뒤 베란다가 냉장고 기능을 할 수 있어요. 저는 안채가 영하 6도 정도 되니까 음식을 거기다가 두거든요. 그렇게 하면 음식이 부패하지도 않고, 오히려 신선한 상태로 먹을 수 있어요. 냉장고를 열흘만 꺼보면 어떻게 될까요? 세상의 10퍼센트만 냉장고 가동을 멈춰도 우리가 사는 환경은 훨씬 나아질 거예요.

이런 이야기를 하신 적이 있어요. "우리가 세상에 어떤 형식으로 존재하고 있느냐에 대한 인식이 있어야 한다."고요.
심각하고 어려운 얘기는 아니에요. 우리는 이 넓은 태양계 중 지구에서 태어나 살아가고 있어요. 이 우주엔 화성, 금성, 목성, 명왕성… 수많은 행성이 있는데, 그중에서 하필 지구에서 살아가고 있는 거잖아요. 신기하지 않나요? 이 광활한 우주 중 하필 여기서, 하필 지금, 하필 우리가 만났다는 것이. 우주의 수십억 역사 속에서 오늘 이 자리에서 대화하고 있다는 건 기적이에요. 그런데 우리는 이러한 사실을 잊고 살아요. 그러니까, 내가 존재하는 상태를 좀더 인식하고 이해하면서 살자는 의미예요. 우리 삶이 경이롭다는 걸 알게 되면 남을 속이거나 생명을 고통스럽게 할 수 있을까요? 내가 한 아주 작은 행동으로 하천이 오염되거나 생명이 죽어난다면요? 우리는 지능이 있는 인간이니까 내가 존재함으로써 해야 할 역할과 책임이 무엇인지 인지하고 살아야 해요. 저는 그걸 자존심自存心이라고 말해요. 스스로 자에 있을 존, 자기 자신으로 존재하기 위해서는 인간을 향한 존중은 물론이고, 환경에 대한 책임도 다해야 한다는 거죠.

오늘날 환경 문제는 많은 사람이 알게 됐지만, 얼마나 관심을 가지고 실천하느냐는 환경 감수성에 따라 달라지는 것 같아요.
인사동에서 헌 티셔츠에 그림을 그릴 때 "윤 교수가 티셔츠에 그림 그리면 지구가 살아나?" 같은 말을 심심치 않게 들었어요. 환경 감수성은 얼마나 많이 배웠느냐랑은 관계없이 사람마다 다른 거라고 봐요. 진정한 인식이 있을 때 환경 감수성을 발휘하고 책임을 질 수 있다는 거죠. 자신이 어떻게 존재해야 하는지, 어떤 책임이 있는지 아는 사람일수록 더 예민하고 민감해질 거예요.

적극적으로 환경을 위한다고 말하긴 머쓱하지만, 다들 일회용 컵 쓰는데 혼자만 텀블러 쓸 땐 생각이 많아지기도 해요. "너 하나만 실천해서 뭐 하나."는 이야기를 들을 때도 할 말이 없어지고요.
너무 일차원적인 발상이에요. 아주 곤란한 상태죠. '나 혼자라도 해야겠다.'고 생각해야 할 일인데, 왜 안 된다는 생각부터 하는 걸까요. 그건 그저, 불편하니까 안 하고 싶은 거예요. 실천에는 불편이 따르니까, 남들은 불편한 걸 안 하려 하는데 나만 하면 억울하니까 나는 하고 싶지 않다는 논리거든요. 하지 않으려는 행위를 합리화할 뿐이지요. 사실 남이 하고 안 하고는 문제가 되지 않아요. 스스로 판단하고 실천해야 할 일이죠. 제가 녹색 실천을 하고, 대중교통을 이용하고, 냉장고 없이 산다고 해서 지구가 금세 깨끗해질까요? 환경 문제가 완벽하게 해결될까요? 제 목표는 지구를 구하는 게 아니라 사람답게 사는 거예요. 우리가 이 별에 존재하는 이상 쓰레기를 줄이려고 노력하는 건, 환경을 한 번 더 생각하는 건 마땅히 해야 할 일이자 책임인 거죠.

가장 기본적인 책임을 하나만 이야기해 주신다면요?
밥 먹을 때 남기지 않는 것.

명심할게요. 오늘 만남에 숙제를 하나 내주셨죠. 장 지오노Jean Giono의 그림책 《나무를 심은 사람》을 필사해 오라고 하셨어요. 생각보다 분량이 많더라고요. A4용지 양면으로 열 장 넘짓 나왔어요.
빼곡하네요. 꼭 인쇄한 것 같아요.

첫 장은 정갈하지만 뒤로 갈수록 손에 힘이 빠져서 괴발개발이에요(웃음).
제가 가르친 학생들도 그렇고, 다른 학교로 강연을 나갈 때도 그렇고, 필사는 언제나 제안하고 있어요. 이곳에 방문하는 사람들도 마찬가지고요. 저 역시 이 책은 참 오랫동안 필사해 오고 있어요. 언제부터, 왜 시작했느냐 물으면 저도 생각이 잘 안 나는데… 대략 20년? 아니 30년은 된 것 같아요.

《나무를 심은 사람》은 주인공 시점에서 '부피에' 할아버지를 관찰하는 이야기죠. 할아버지는 미움과 싸움으로 사람들이 떠난 황폐한 고원에 도토리 100개를 심어요. 너도밤나무와 떡갈나무, 자작나무도 심고요. 주인공은 1차 세계대전이 끝나고 5년 뒤 다시 이곳으로 돌아오는데요. 황폐했던 땅은 나무로 가득 차 있고 부피에 할아버지는 거기서 양봉을 하고 있어요. 어느덧 그 땅은 울창한 숲과 개울로 아름다워져 있죠.

필사하면서 어떠셨어요? 부피에 할아버지는 자기가 옳다고 생각하는 일, 해야 할 일이라고 생각하는 일을 묵묵하게 해나가요. 그게 나무를 심는 일이고요. 처음 《나무를 심은 사람》을 읽었을 땐 주인공이 정말 위대해 보였어요. 자신이 이 땅에서 해야 할 일을 정확하게 알고, 지키고, 이해하는 사람이라고 생각해서요. 저는 매년 이 책을 수 개씩 필사하고 있어요. 기독교인이 신앙심으로 성경을 베껴 쓰듯, 저도 확고한 믿음으로 《나무를 심은 사람》을 필사하는 거죠. 한 자씩 베껴 쓰다 보면 제가 생각하는 세상이 무엇인지 확실해지고 다음 세대를 생각하게 돼요. 산만해졌던 마음이 모이기도 하고요. 사실 짧은 글은 아니잖아요. 그런데 몇 번을 베껴 써도 지루하다거나 진부한 느낌이 들지 않아요. 오히려 계속 놀라게 돼요. 장 지오노가 왜 이 상황을 이렇게 묘사하고 이렇게 엮었는지 매번 새롭게 알게 되거든요. 그러면서 이전에는 느끼지 못한 걸 또 느끼게 되고요.

최근엔 어떤 걸 느꼈어요?
부피에 할아버지가 심은 나무는 땅에 생명을 피어나게 했어요. 그 덕분에 떠난 사람들도 마을로 돌아오고 갈등과 다툼 없이 다시 평화로운 곳이 되죠. 이번에 눈에 띈 부분은 땅에 피어난 새로운 생명이었어요. 꽃이었죠. 부피에 할아버지가 어떤 꽃을 심었고, 어떻게 가꾸었는지를 읽으면서 할아버지가 심은 꽃 이름도 되새기게 됐어요. 그동안 이 묘사를 사소하게 여기고 지나쳤다는 걸 깨달았죠. 수십 년을 베껴 썼지만 앞으로도 새로운 게 보이겠구나 싶었어요. 부피에 할아버지야말로 자신이 여기서 존재하는 이유를 정확하게 알고 자신의 역할과 책임을 다하는 사람이에요. 도토리를 심는다고 해서 당장 울창한 숲이 되는 건 아니지만, 도토리와 나무들을 심었기 때문에 10년 뒤에 황폐한 고원이 울창한 숲이 되고 풍족한 수자원이 생겨났잖아요. 저는 사람들이 《나무를 심은 사람》을 읽으면서 뭔가를 느끼기를 바라요. 필사하면서 자신의 역할과 책임을 생각하길 바라고요. 그런 생각을 하면서 베껴 쓴 필사는 어디에, 어떻게 썼든 하나의 작품이 되겠죠. 저에게 보내준 그 필사들은 전부 간직하고, 매년 전시하고 있어요. 에디터님이 써주신 것도 올해 9월에 전시하게 되겠죠.

영광이에요. 저는 A4용지에 양면으로 빽빽하게 써 왔는데 여기 있는 필사 작품들은 형태가 다채롭네요. 표지가 있기도 하고, 겹쳐 적은 것도 있고, 그림을 곁들인 것도 있고요.
언제 봐도 무한한 가능성을 가진 필사 작품들이에요. 그린캔버스의 한쪽 벽면에는 그동안 제가 받아온

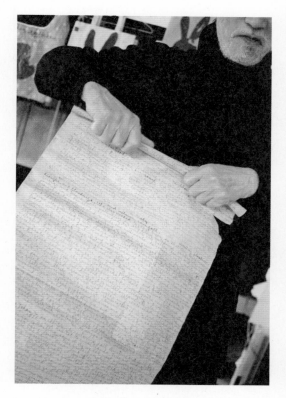

《나무를 심은 사람》 중에서도 특히 마음을 울린 작품들을
걸어뒀어요. 전시 때마다 공간을 다르게 구성하지만
저 벽만큼은 고정으로 두고 있죠. 이거 한번 보실래요?
이화여대 대학원에 다니는 중국 학생이 필사한 건데요.
(돌돌 말린 것을 펼친다.)

젓가락이네요?
맞아요. 자장면 시키면 흔히 같이 오는 일반
나무젓가락이에요. 중국에서는 옛날에 종이가 없을 때
대나무를 엮어서 '죽간'이라는 곳에 글씨를 적곤 했어요.
이 친구는 젓가락 수십 개를 끈으로 엮어 이 위에
필사했어요. 전부 중국어로요. 저는 이런 게 진정한
보물이라고 생각해요. 평범한 볼펜으로 젓가락에 글자를
적는 게 쉽지 않았을 텐데, 지금 봐도 경이롭죠. 이 공간은
이런 물건으로 가득 차 있어요. 가난하고 빈곤해 보여도
여기 있는 게 모두 저한테는 보물이고 자산이에요.

(밖에서 누군가 문을 두드린다. 작업실 안에 있는 붓글씨
작품을 가리키며 파는 것인지를 묻는다.) **여기가 어떤 곳인지
궁금하신가 봐요.**
많이들 문을 두드리세요. 재활용 센터나 상점인 줄 아는
사람도 많죠. 이 작품을 파는 거냐고 물으니 감회가
새롭네요. 제가 굉장히 아끼는 작품이거든요. 제 제자가
이 근처에 사는데요. 그 친구 아버지가 붓글씨를 굉장히

멋있게 쓰셔서 봄이면 '입춘대길' 같은 글자를 곧잘
써주시곤 했어요. 여기 적힌 글은 중국 속담이에요. 제가
워크숍이나 강연 때 자주 사용하는 글귀죠. '마음에 푸른
나무를 가꾸면 새가 울며 날아온다.'는 의미인데, 참
좋지 않나요? 그 친구 아버지께 이 글을 원문으로 받고
싶더라고요. 어느 날 그린캔바스에 놀러 온 제자한테
부탁했더니 그 친구가 말하길, 아버지가 루게릭병이라는
근육 감소증에 걸리셔서 붓글씨 작업이 힘드시대요.
받기는 어렵겠구나 싶었는데, 어느 날 이 글씨를 가지고
찾아왔더라고요. 지나가는 말로 아버지께 이야기를 꺼낸
모양인데 "한번 해보자." 하고 써주셨대요. 참 감사한
일이죠. 아, 이것도 같이 보여 드려야겠네요. (필사 벽면에서
작품을 하나 떼어낸다.) 그 제자가 아버지 작품과 함께 가지고
온 《나무를 심은 사람》 필사예요. 이렇게 책 형태로,
종이를 하나하나 연결해서 병풍처럼 만들었어요. 글은
본인이 쓰고 그림은 딸이 그렸대요. 이 연결된 종이가 뭔지
아세요? (책을 뒤집는다.)

어? 약 봉투네요.
아버지가 드신 약 봉투를 하나하나 펼쳐서 재활용한
거예요. 수많은 약 봉투를 연결해서 하나의 병풍처럼, 길게
펼쳐지는 책자를 만든 거죠.

**와…. 부피에 할아버지가 나무를 심어 다음 세대를
풍요롭게 했듯, 이 또한 그다음 세대와 연결되는
작품이네요.**
이걸 보고 눈물이 날 것 같았어요. 여기 있는 모든 물건에
이렇게 이야기가 있는데, 하나하나 설명하지 않으면
아무도 모르겠죠. 옛날에는 그린캔바스에 누가 온다고
하면 흔쾌히 문을 열어줬어요. "윤 교수가 뭘 한다는데
한번 가볼까?" 하고 오시는 분이 많았죠. 근데 애들 장난
같은 걸 하고 있다고 생각하거나 별 볼 일 없다고 여기는
사람들이 자꾸 생기는 거예요. 그래서 이제는 여기서 제가
하고 싶은 역할을 이해하는 사람들만 들이게 됐어요.
인터뷰도 마찬가지죠. 처음에는 궁금해하는 사람들과
대화도 곧잘 했는데, 제 메시지가 제대로 전달되지
않을 때가 많아지니까 잘 안 하게 되더라고요. 그래서
인터뷰하자는 연락이 오면 필사를 제안하기 시작했어요.
《나무를 심은 사람》을 필사하면 어느 정도는 제가 하는
일을, 제가 하고 싶은 이야기를 이해하고 찾아오실 것
같아서요. 필사 얘기를 듣고 인터뷰 안 하겠다고 하는
사람도 많아요.

선생님이 필사하신 것도 보고 싶어요.
나는 뭐, 너무 많이 썼기 때문에 아이디어를 담아 작품처럼

만들려고 하진 않지만 계속 쓰고 있긴 해요. 얼마 전에는 영문판을 베껴 썼는데요. 영문판 중에서도 특별 기념판을 필사했는데 시간이 엄청 오래 걸렸어요. 특별판이다 보니 서문이 세 개나 들어가 있거든요. 근데 서문 하나가 본문보다 길어요. 그것까지 다 쓰려니까 엄청나게 양이 많더라고요. (돌돌 말린 종이를 펼치며) 양면으로 써도 이렇게나 길어요. 이 종이는 저 앞 빵집에서 빵 사 먹고 모아둔 빵 봉투들이에요. 일부러 여기에 쓰려고 한 건 아닌데, 다시 쓰려고 하나둘 모으다 보니 많아져서 여기에 필사하면 좋겠다 싶었어요. 한 장 한 장 연결해서 앞뒤로 빽빽하게 적었죠.

　와, 색깔도 그렇고 꼭 양피지 같아요. 올해 9월에 하신다는 전시가 매년 하고 있는 〈녹색여름전〉이죠? 아이들과 어우러져서 환경 메시지를 나누는 모습을 멀리서 본 적이 있어요. 그땐 그게 〈녹색여름전〉인지, 선생님인지도 모르고 멋진 풍경이라고만 생각했죠.
지난해가 〈녹색여름전〉 15주년이라 2022년을 마지막으로 마치려 했는데, 《나무를 심은 사람》 작품이 계속 들어와서 올해도 해보려고 해요. 연령, 성별, 나이, 프로와 아마추어 상관없이 어떤 작품이든 출품할 수 있는 전시예요. 환경에 관한 메시지가 있으면 좋지만 굳이 없어도 상관없죠. 장르에 제한도 없어요. 우리의 의식주, 삶 속에서 할 수 있는 실천이라면 뭐든지 좋아요. 생명에게 좋은 쪽으로 작용되는 것이라면 뭐든 출품할 수 있는 거지요. 이것 보세요, 이게 뭔지 아세요? (작업실 중앙에 놓인 것들을 가리킨다.)

　흙…인가요?
똥이에요. 지렁이 똥과 소똥. 지렁이는 땅을 비옥하게 만들어요. 생명을 틔우는 존재죠. 소똥은 하천을 오염시킨다는 이야기도 있지만, 이렇게 모아서 퇴비로 사용하면 새 생명을 만들어낼 수 있어요. 이건 포천에 있는 한 농장에서 출품해 주신 거예요. 자연적인 작품, 그 자체이지 않나요? 이 농장에서는 붉은 지렁이를 농장 흙 속에 뿌려 농사를 지어요. 빼곡하게 채워진 지렁이들이 똥을 싸면 땅이 부글부글 끓죠. 그걸 일일이 모아서 만든 거예요. 나와 환경을 생각하게 해주는 좋은 작품이지요.

　그 옆에 있는 작품은 '테이프 공'이군요! (들어본다.) 굉장히 무거운데요?
맞아요. 그건 외국에도 출품했던 거예요. 2004년 킨텍스에서 〈친환경 상품 박람회〉가 처음 열렸는데요. 설치와 철거 과정에서 시트지가 대량으로 폐기되는 걸 보고 생각이 많아졌어요. 그것들을 모아 붙여나가기

시작했죠. 이 공은 항상 곁에 두고 대량 생산과 대량 폐기의 문제를 상기해요. 특히 코로나19 이후로는 배달, 택배가 많아져서 포장용 테이프가 상당히 많이 나오거든요. 그 테이프들을 모아 똘똘 뭉쳐 공을 만들고 있죠. 계속 택배가 오가는 시대여서 테이프 공은 만들고 또 만들어도 계속 만들어지더라고요. 속까지 꽉 차 있어서 단단하고 무거워요.

　어느 인터뷰에서 환경을 위한 실천을 위해서는 "자기만의 기준을 잘 세워보라."고 이야기하셨어요. 마지막으로 선생님 기준도 들어보고 싶어요.
내가 진정으로 잘할 수 있는 게 무엇인지 보는 거예요. 이 자연과, 생태계와, 이웃과, 모든 사물을 이롭게 하는 게 무엇일지 생각하는 거죠. 제 눈초리 하나만으로라도 사람들 마음이 잠시라도 편해지면 좋겠어요. 그런 역할을 하는 사람이 되고 싶고요.

　선생님 눈빛을 잊지 않을게요. 올해 〈녹색여름전〉에서 뵈어요, 놀러 올게요.
올해도 부지런히 준비해 볼게요. 아, 필사 감상문을 하나 보내주세요. 〈녹색여름전〉 전시 리플릿에 작품과 필사 감상을 함께 담고 있거든요. 영문으로도 번역해 주면 좋고요!

"부피에 할아버지에게 도토리를 한 알 빌리기로 합니다. 척박하고 흉흉한 상황에 놓일 때면, 속수무책으로 휩쓸리지 말자고, 도토리 한 알을 꺼내보며 누군가의 정성과 행동을 생각하자고 마음먹어 봅니다. 이내 그 도토리를 심고 매만질 사람이 제가 되리라 믿으면서요." 필사 감상문의 한 대목을 옮기며 생각했다. 적어도 내가 한 말은 지키면서 살아가자고.

For A Harmless Day

느슨하고 긴 돌봄의 방식

신지혜—작가

에디터 이주연
포토그래퍼 Hae Ran

꽁꽁 옭아맨 규칙 안에서 완벽한 생활을 쌓아 나가기보다는 내가 할 수 있는 것들을 차근차근 해나가는 삶. 느슨한 울타리를 두르고 정해지지 않은 아낌과 돌봄을 즐겁게 만들어가는 삶. 그 안에서 무해한 하루가 탄생하고 있었다.

삶아서 널어둔 행주는 참 아름다워 보여요.
저 사람은 삶을 성실하게 살아낸다는 생각도 들고,
'할머니가 저렇게 했었는데….' 하면서 추억에 젖기도 하고요.

너무 부산스러웠죠(웃음). 벌써 열두 살인데 아직도 사람만
보면 이렇게 좋아해요. 시몽이는 저 대학교 졸업반 때
엄마가 데리고 온 아이예요. 본가에 강아지가 와 있다가
시험 기간에 보러 갔는데 새카맣고 작은 강아지가
뛰어놀고 있는 거예요. 그날 시몽이랑 밤새 노느라
시험을 망쳤어요(웃음). 6개월 정도 엄마랑 살다가 이웃이
불편해서 저희 집으로 와서는 지금까지 쭉 함께 살고
있어요. 처음 봤을 땐 500그램밖에 안 됐는데 몸집도
이렇게나 커졌죠. 저랑 비슷하단 이야기를 정말 많이
들어요. 성격도 비슷하고, 생긴 것도 닮았다고(웃음).

**어떤 점이 닮았는지, 이번엔 지혜 씨 소개를
들어봐야겠어요.**
자기소개는 할 때마다 어려워요. 하고 있는 일로 소개하면
편할 텐데 여러 일을 하다 보니 소개가 더 어렵더라고요.
음… 저는 '돌보는 사람'이에요. 자신을 돌보려 요가와
명상을 하고, 타인이 자신을 돌볼 수 있도록 도움을
주고, 환경 관련된 일을 하면서 생태를 돌보는 일도 하고
있어요. 나와 주변을 돌보는 데서 즐거움과 의미를 찾는
사람이기도 하죠.

**경기도 외곽으로 오니까 도시 분위기가 확 다르네요.
모처럼 소풍 오는 기분이었어요.**
먼 길 오느라 고생하셨지요, 만나서 반갑습니다. 그런데
저… 집에 강아지가 한 마리 있는데 사람을 보면 엄청
짖어요. 놀라지 마시라고 미리 나와 있었어요. 반가워서
그런 거니까 겁먹지 마세요.

네! 괜찮아요.
시몽아, 괜찮아, 쉿! (검은 강아지가 쉴 새 없이 짖으며 집 안을
왔다 갔다 한다.) 진정할 때까지 딱 3분만 앉아 계실 수
있을까요?

**(자리에 앉으니 바로 다리 위에 올라앉는다.) 이렇게
붙임성이 좋은 강아지라니, 시몽이 소개부터
들어봐야겠는걸요(웃음).**

**《무해한 하루를 시작하는 너에게》는 지구를 돌보는
마음으로 쓴 책이겠군요. 지혜 씨에게 무해하다는 건 어떤
의미예요?**
말 그대로 '해치지 않는다.' 인도 종교 문화의 중요한
덕목 중에 '아힘사Ahimsā'라는 말이 있어요. 모든 생물에
대한 불살생, 비폭력, 동정, 자비를 의미하는데요.
아힘사와 가장 가까운 우리말이 무해함인 것 같아요.
처음에는 나한테 해함이 없는 거라고 생각하면서 화학
제품을 피하고, 몸에 좋지 않은 음식을 피하는 정도로
생각했는데요. 그게 점차 확장되다 보니까 단순히 내 몸에
바르고, 쓰고, 먹는 걸 넘어서 생각하고 말하는 것까지
고려하게 되더라고요. 우리는 나 자신을 해할 수도 있고
상대방을 해할 수도 있어요. 의식하지 못한 사이 사회나
환경을 해칠 수도 있고요. 살아가면서 그런 해함을 덜 하는
삶이 무해한 게 아닐까 생각해요.

'무해한 하루를 시작하는 너에게' 제목을 읽고 참 좋다고 생각했어요. 응원받는 기분이 들어서요. 어떻게 쓰게 된 책이에요?
2018년부터 '나투라 프로젝트'를 운영하고 있어요. 요가를 야외에서 즐겁게 해보고 싶어서 시작한 활동인데요. '이런 좋은 날씨에 밖에서 요가를 하다니.'라는 생각을 공유하는 사람들이 모여 즐겁게 해나가고 있죠. 함께하는 사람들과 마음이 통해서 요가도 하고, 함께 친환경 마켓을 열거나 클린 산행도 해요. 사회생활로 만난 게 아니어서 나이나 전공, 직업 같은 걸 공유하진 않는데, 함께하시던 분이 어느 날 출판사를 하고 있다며 책을 내지 않겠느냐고 묻더라고요.

어떠셨어요?
'이걸 내가 써도 되나….' 싶었죠. 저는 완벽한 실천을 하는 것도 아니고, 환경 운동가도 아니잖아요. 적극적으로 투쟁하거나 실천하는 것도 아니고 '좋은 게 좋은 거다. 그러니까 여러분도 해보세요.' 정도의 마음가짐으로 살아가는데 이 정도 긍정적인 에너지로 지구에 관한 글을 제안받으니까 막막했어요. 그러면서 자기 검열이 심해졌죠. 제가 그 정도까진 아닌 것 같다는 생각이 자주 들었는데, 그 당시엔 사람들이 환경 문제에 지금처럼 관심 갖지 않던 때거든요. 제안해 주신 분이 아직 사람들은 환경 문제에 경각심이 크지 않아서 환경 운동가와의 간극이 매우 크다는 이야길 해주시더라고요. 그러니까 저처럼 가벼운 마음으로, 시도하기 좋은 작은 실천을 제안해 주면 오히려 좋은 일이 아니겠느냐고요. 그 말이 용기가 됐어요. 제가 환경을 위한 실천에 장벽을 낮출 수 있다는 말에 마음먹게 됐죠.

자연 친화적인 삶을 위해서는 자연과 어우러져 지내는 게 중요하다고 생각해요. 지혜 씨는 어린 시절 할머니 댁에서 자연과 가까이 지내셨던 것 같아요.
부모님이 맞벌이여서 방학이면 저랑 동생은 할머니 댁에서 지내곤 했어요. 그 당시는 인터넷도 없고, 할머니 댁에 마땅히 가지고 놀 것도 없어서 항상 밖에 나가서 놀았죠. 겨울에 눈이 오면 이글루 만든다고 한참을 눈밭에 뒹굴고, 할아버지랑 할머니가 과수원을 하셔서 복숭아랑 사과밭에서 놀기도 했고요. 그 주변에 흐르던 시냇물이 1급수였던 기억도 나요. 그 물을 그대로 끌어다가 나무 키우는 데 쓰이곤 했거든요. 워낙 환경이 깨끗해서 플라나리아도 자주 보고 지냈어요. 저는 그 시절이 일생의 정서를 만들었다고 생각해요. 지금도 바다보다는 산이 편하고, 그런 곳엘 가면 마음이 차분해져요.

그래서인지 계속 자연 친화적인 생활을 해왔을 것 같은데, 한때는 물건 사는 걸 굉장히 좋아하셨다고요. 특히 '코덕(화장품 마니아)'이었다고 들었어요.
뷰티 블로그를 운영할 정도로 화장품을 좋아했죠. 아까 저를 '돌보는 사람'이라고 소개했는데요. 계속 저는 일상을 돌보는 데 관심을 두었던 것 같아요. 다만, 이전에는 타인의 시선을 의식한 외모 돌봄이었다면, 지금은 외부 시선에서 벗어난 내면 돌봄이라고 할 수 있죠. '나한테 진짜 필요한 게 뭘까, 진짜 좋은 게 뭘까, 내가 뭔가를 취하면서 다른 사람이나 환경에 최대한 해를 끼치지 않는 방법은 뭘까….'

돌봄의 방식이 달라진 거군요. '나한테 필요한 게 뭐지?'라고 물었을 때 지금 가장 먼저 떠오르는 건 뭐예요?
마음을 들여다보고 신중하게 돌보는 거요. 요가와 명상을 오래 해온 덕에 잘하고 있다고 생각해 왔는데, 아무래도 일이다 보니 종종 번아웃이 오기도 하고 마음이 힘들 때가 있어요. 얼마 전에는 인간관계에 어려움을 느끼고 마음을 제대로 돌봐야겠다고 생각하기도 했죠. 그래서 최근엔 일부러 명상하는 시간을 충분히 확보하고, 그쪽 공부를 더 열심히 하고 있기도 해요.

행복이 방향을 바꾼 거군요. 이전에도, 지금도 행복했을 테지만 그 결은 조금 다를 것 같아요.
이전에 느낀 행복은 굉장히 일시적이었어요. 흔히 말하는 '현타'가 금방 왔죠. 소비로 시작되는 돌봄이어서 카드값을 어떻게 할 것인가부터 시작해서 물건 처리도 어려웠어요. 소비한 물건들이 제대로 쓰이지 못했거든요. 충동구매로 이루어지는 소비가 대부분이다 보니, 진짜 필요하지 않은 걸 사는 경우가 많았어요. 지금의 행복은… 음, 충만하다는 느낌이 커요. 좀 거창하게 들릴지도 모르지만 제 마음에 있는 행복과 즐거움이 쓰임을 다하고 있다는 생각이 들거든요. 지금도 저는 물건 사는 걸 좋아해요. 집에 물건이 아예 없는 것도 아니고, 극단적인 미니멀리스트도 아니지요. 근데 지금은 뭘 하나 들이더라도 외부 시선을 거두어내고 진짜 나한테 필요한지 다시 한번 확인하며 신중하게 소비하고 있어요. 그렇게 산 물건은 이전보다 사용 기간이 훨씬 길더라고요. 만족도도 높고, 물건과 정이 든다는 느낌을 많이 받아요. 그런 것들이 삶을 차곡차곡 잘 쌓아나가게 하고, 거기서 충만하다는 마음이 드는 거죠.

"물건이 사는 곳인지 내가 사는 곳인지 모르겠다."라는 문장을 보고 뜨끔했어요. 제 방이 그렇거든요. 근데 막상 그런 방에서 지낼 땐 잘 모르잖아요. 쓸모없는 것도

귀여우니까 자꾸 사게 되고…. 물건이 너무 많다는 걸
인지한 순간이 있을 것 같아요.

일단은 경제적으로 타격이 올 때 그랬죠. 독립을 일찍
해서 주거 환경이 중요하다는 생각을 어릴 때부터 하면서
지냈어요. 지금은 정리하고 정돈된 상태를 유지하는 게
중요하다고 생각하지만, 그때는 좋아하는 물건으로 꽉꽉
채우는 게 중요했거든요. 근데, 어느 날 보니 집에 발 디딜
틈이 정말로 없는 거예요. 하다 하다 물건이 너무 많아져서
좀더 큰 집으로 이사하게 됐는데 그때 이것저것 생각하게
되더라고요. 물건이 너무 많아져서 큰 집으로 이사하면서
돈을 쓰고, 그 집을 채우기 위해 물건을 더 들이면서 돈을
쓰고…. 경제 상황에 빨간불이 들어왔죠. 그즈음《나는
단순하게 살기로 했다》를 읽게 됐는데요. 그 책에 공간을
월세로 환산해 보라는 이야기가 나오더라고요. 그러면서
'집에 사람이 사는 게 아니라 물건이 사는구나, 나는 이
공간을 창고처럼 쓰고 있구나.'라는 걸 깨달았어요. 물건을
대하는 생각에 큰 전환이 일어난 거죠.

**돌봄의 방향이 내면을 향하게 된 데는 요가가 큰 역할을
했다고 생각해요. 그런데 요가는 '물건 부자'이던 시절에
시작한 거라고요.**

네, 그래서 요가 시작하고 요가 물건도 엄청 사들였어요.
요가 매트, 요가복, 관련된 책…. 요가는 다른 운동과

다르게 '수련'이라는 말을 써요. 저는 그 이유가 신체적인
것에 머물지 않고 정신적인 부분도 돌보는 활동이어서
그렇다고 생각하거든요. 요가를 공부하다 보니까 비폭력,
진실할 것, 청결할 것, 욕심부리지 않을 것, 그런 가치들을
자주 생각하게 되는데요. 요가 하는 사람으로서 정체성을
찾아가는 과정에서 타인의 시선을 고려한 소비를 줄이고
제가 진짜 원하는 것에 집중하는 게 맞겠다는 생각이
들면서 일상과 생각을 계속 다듬고 있어요. '어떤 태도로
삶을 지켜나가는 것이 맞을까.'라고 계속 곱씹는 건데요.
이런 생각은 앞으로도 계속 하게 될 것 같아요.

**요가를 수련하기 전엔 어떤 일을 했을까 궁금했는데,
성악을 전공하셨더라고요.**

요가도 성악에서 출발한 거예요. 성악은 체력 소모가 큰
신체 활동이에요. 힘을 쓰는 것과 이완하는 것이 적절히
균형을 이루어야 하는데 저는 긴장도가 워낙 높아서
이완에 집중하지 못했어요. 뭐든 과하게 하다 보니 그
중간을 찾지 못한 거죠. 연습 때마다 "힘 풀어, 지혜야."
이야기를 듣는데도 힘 푸는 게 뭔지 잘 몰라서 발성이
마음처럼 안됐어요. 그때 사사해 주시던 교수님이 "그럼
요가라도 다녀볼래?" 하시길래 요가원에 가게 된 거고요.
성악은 무대 예술이에요. 제가 얼마나, 어떻게 연습했든
무대 위에서 '짠' 하고 잘 보여주는 게 중요한 결과 위주의

활동이죠. 저는 평생 무대에서 잘 보여줘야 한다는
이야기를 들으며 살았어요. 근데 요가 할 때는 '과정이
중요하다, 결과는 중요하지 않다.'는 이야기를 듣는
거예요. 그 말을 듣고 정말 많이 울었어요. 처음 들어보는
얘기였거든요. 그 말이 계속 매트 위에 올라갈 힘이
되었죠.

**SNS에서 이 문장을 인상 깊게 봤어요. "나는 결코
미니멀리스트가 아니다. 다만 물건이든 공간이든 그 양과
크기가 내가 적절히 관리할 수 있는 정도가 좋다."**
어떤 삶의 태도든 지속적으로 가능한 게 중요하다고
생각해요. 다이어트만 해도 균형을 찾지 못하고 너무 참아
버리면 나중에 '요요'가 오잖아요. 그러지 않기 위해서는
자신을 이해시키고, 이 행동을 왜 해야 하는지 납득하는
게 중요하다고 봐요. 지속하려면 행복함을 느껴야 하고요.
사람들은 제로 웨이스트라는 걸 참고 인내해야 하는
번거로운 일이라고 생각하는 듯해요. 근데 저는 그것보단
지속성이 중요하다고 생각하거든요. 단순히 비닐을 안
쓰는 데 집착하기보다는 비닐을 안 써서 좋아지는 것들을
생각하는 게 지속성을 불러온다고 보는 거죠. 저는 물건이
주는 행복감, 소비에서 오는 기쁨을 아는 사람이에요.
소비를 참으려고 하면 역효과가 나는 사람인 거죠.
그러니까 소비를 안 하는 게 아니라 소비는 하되 지긋하게
오래 사용할 물건을 들이는 거예요. 그렇게 들인 물건에

서사를 담고, 애정을 두고 오래 사용하는 게 어느덧 소비의
목적이 되었어요. 그러다 보니 충동구매를 하지 않게 돼요.
고심하면서 물건을 고르고 있거든요.

**그런 태도를 유지하기 위해 나만의 원칙은 분명히 필요할
것 같아요.**
물론이죠. 가장 먼저 떠오르는 건 목적이 같은 물건을
여러 개 두지 않기. 옛날에는 좋아하는 거라면 종류별로,
브랜드별로 여러 개를 들였어요. 요가 매트도 여러 개
두고, 문구류도 좋아해서 펜도 보이는 대로 사들였죠. 근데
이제는 한 번 더 생각해요. '똑같은 색깔, 똑같은 굵기의
펜이 있는데 이걸 꼭 사야 할까?' 목적과 쓰임을 한 번 더
생각하면 확실히 소비가 줄어요.

**지구를 위해 '하지 마라.'는 금기를 워낙 많이 들어서
종종 위축되곤 하는데, 지혜 씨의 제로 웨이스트는 참는 게
아니라는 점이 좋아요.**
금지는 지속가능성을 위한 일은 아니에요. 저는 제로
웨이스트를 재밌게 하고 있어요. 일단은 제 행동이
어딘가에 좋지 않은 영향을 미친다는 것이 찝찝해서 그런
일은 하고 싶지 않고요. 제 행동이 아주 미미할지라도 나쁜
영향을 미친다면 '꼭 그 방법밖에 없는가.'를
생각하면서 다른 방법을 찾아보곤 하는데, 그런 과정이
저한텐 재미있고 신나는 일이에요. 일종의 창의성을
발휘하는 거잖아요. 새로운 방법을 찾고 나면 저 자신이
대견하기도 하고요. 이렇게 삶의 방식이 달라지고
나니 돈 쓸 데가 별로 없더라고요. 한번은 제 소비
패턴을 알고 싶어서 2018년쯤 쭉 통계를 내봤어요.
가계부를 정리해서 얼마나 소비가 줄었나 계산을 해본
건데, 어마어마하더라고요. 거의 70퍼센트 이하로
줄어들었어요.

**정말요? 이 정도라면 단순히 소비 패턴만 바뀌는 게
아니겠어요.**
아름다움의 기준도 바뀌었어요. 옛날엔 지퍼백이랑
물티슈를 항상 가지고 다녔어요. 뭘 하든 깔끔한 상태로
두고 분류하는 데 집착했거든요. 깨끗하게 정돈된 것이
저에겐 아름다움이었으니까요. 근데 지퍼백과 물티슈는
한 번 쓰면 그만인 것들이잖아요. 지금은 그런 게
아름다움일 수가 없죠. 요즘은… 음, 삶아서 널어둔 행주
같은 게 아름다워 보여요. 그런 장면을 보면서 저 사람은
삶을 성실하게 살아낸다는 생각도 들고, '할머니가 저렇게
했었는데….' 하면서 추억에 젖기도 하고요.

완벽보다는 어느 정도 허용하는 삶이어서 때로는 길티
플레저도 있을 것 같아요.
엄청 많아요. 큰 죄책감을 느끼는 것 중 하나가
여행이에요. 한 사람이 단시간에 가장 많은 탄소를
배출하는 행위가 뭔지 아세요? 비행기를 타는 거예요.
그래서 해외여행을 갈 때마다 너무너무 큰 죄책감을
느끼죠. 반신욕 할 때도 그렇고요. '그동안 이렇게
잘해왔는데, 반신욕을 한다고?' 하는 생각도 들고….
반신욕 하면서 술 마시는 걸 좋아하는데 그건 더욱더
그렇죠. 수입 맥주를 좋아하다 보니 어쩔 수 없이 캔
맥주를 사게 되거든요. 국산 맥주를 먹으면 병맥주를
마셔서 재사용이라도 할 텐데, 캔 맥주가 취향이니까….
계속 이런 사고 회로가 작동하면서 죄책감을 느끼게 돼요.

살아가는 것 자체가 유해하다는 생각도 들고요. 결국
피해를 덜 주기 위해 애쓰는 방법밖에 없을 것 같아요.
SNS에 이런 이야기를 쓰셨죠. "물건을 버리지도 사지도
못하는 사람이 되면서 취향이 점점 사라지는 느낌이
들었다."고요.
예전에는 '나 저거 사고 싶어, 어떡하지?' 계속 떠올라서
장바구니에 넣었다 뺐다를 반복했는데 이제는 그럴 일도
거의 없어요. 처음 이런 상태로 진입할 때는 무미건조한
사람이 되고 있다는 생각이 들었지만, 이제는 아니에요.
오히려 단단한 사람이 되어간다는 확신이 들어요. 이제는

어떤 물건을 살 때면 이 물건이 만들어지는 과정부터
폐기하는 것까지 생각하고 있거든요. 그러다 보면 물건을
함부로 들일 수 없게 되죠.

신중한 소비를 하는 거네요.
동시에 가지고 있는 자원을 한 번 더 돌아보게 돼요.
요즘은 어떤 게 재미있냐면요. (눈앞의 컵을 든다.) 이건
엄마가 선물로 받은 컵인데, 전혀 제 취향은 아니거든요.
근데 물건을 함부로 버리지 못하는 사람이 되어서 이젠
이 컵의 쓸모를 헤아려 보게 돼요. 이 컵에 커피를 담으면
너무 적게 담겨서 마시다 만 느낌이 들거든요. 어떻게 쓰는
게 가장 알맞을까 생각하며 제 습관을 돌아봤는데
이 컵엔 보리차를 마시는 게 제일 좋더라고요. 딱 제가
한 번 마시는 용량이 담겨서요. 이처럼 제 물건엔 저마다
원칙이 있어요. 이 식기는 어떨 때 쓰고, 이 텀블러는
어떨 때 가지고 나가고…. 그런 쓰임을 찾는 데서 행복을
느껴요. 자신을 돌본다는 기분에서 출발하는 거니까요.
가진 것에서 쓸모를 찾다 보면 뭔가를 사지 않아도 되니까
더 이상 욕망하지 않게 돼요. 삶이 이대로 충분하다는
생각이 드는 거죠.

지금 생활에 이르기까지 시행착오가 많았죠.
특히, 마지막까지 포기하기 어려웠던 것으로 향을
이야기하셨어요.
향을 워낙 좋아하는 사람이어서 지금도 인센스나 아로마
램프는 즐겨 사용해요. 다만 재료를 고를 때 천연 오일을
택하거나 효능 위주로 보게 되었죠. 이전에는 단순히 '좋은
향'을 좇았다면 지금은 약을 처방하듯 내 몸이 원하는
향을 골라 사용하는 거예요. 저를 잘 돌봐야 제대로 쓸
수 있는 아이템이 된 거죠. 많이 긴장하고 힘든 날이면
이완에 좋은 라벤더를, 온몸이 처지는 날이면 시트러스
계열을 사용하는 식으로요. 요즘은 사람들에게 무색무취한
사람으로 기억되고 싶다는 생각을 많이 해요. 향도 과하면
불편하거든요. 가장 자연스러운 나만의 향을 풍기면서
그것이 무색무취한 기억으로 남길 바라고 있어요.

친환경적인 삶을 위해 좋아하는 걸 포기하지 않는 지혜
씨의 태도가 참 좋아요.
저는 제가 좋아하는 걸 계속하고 싶어요. 그런데 책을
낸 후에는 그런 고민도 있었어요. 환경 관련 단체나
행사에 초대받는 일이 여럿 있었는데요. 그러다 보니까
완전무결해야 할 것 같다는 생각이 강해지더라고요. 자기
검열이 너무 심해져서 자꾸 탈이 났어요. 갖고 싶은 게
더 많아지고 먹고 싶은 게 자꾸 생기고. 그런 걸 보면서
이 방향은 아니라는 걸 알았어요. 완전무결보다는 저를

돌보고, 필요한 걸 아는 게 중요하다는 걸 생각하게 됐죠. 그러고 나니 비로소 편해졌어요. 지금도 종종 그런 질문을 받아요. "그거 탄소 배출되는 거 아니야?" 어떤 식으로든 탄소 배출은 하게 되어 있어요. 저는 아예 탄소 배출을 하지 않겠다는 게 아니에요. 불가능하니까요. 다만, 제 행동이 초래할 결과를 줄이고 더 좋은 쪽을 보자는 거죠.

요새는 브랜드나 기업 차원에서도 친환경적인 제품을 만들거나 자연 친화적인 방식을 사용하는 일이 많아졌어요. 저는 요즘 풀무원 '지구식단'에 빠졌어요. 정말 맛있던데요!
지구식단은 대기업에서 할 수 있는 굉장히 좋은 예시라고 생각해요. 대기업에서 이런 행보를 보이면 신뢰를 얻고 비슷한 생각을 하는 기업이 늘어날 테니까요. 채식이라고 하면, 아직도 많은 사람이 샐러드나 밋밋한 맛을 떠올리곤 해요. 그런데 지구식단 맛있잖아요. '채식이 이런 맛이라면 나도 하겠는데?' 이런 인식의 전환을 가져오는 게 대기업이 줄 수 있는 강력하고 긍정적인 효과라고 생각해요. 지금 떠오르는 곳으로는 파타고니아, 아로마티카, 톤28, 파아프PaAP 같은 브랜드가 있는데요. 이젠 중소기업이나 로컬 브랜드 중에서도 이런 분야에서 잘하는 곳이 굉장히 많아요. 저는 그런 기업들이 상생해 나가길 바라고요.

요즘은 환경 문제에 대한 관심이 안팎으로 참 많아졌어요. 미디어를 통해 접하는 경우도 잦고요. 그러면서 좀… 적나라하게 보여주는 측면도 분명히 생긴 것 같아요.
잔인한 영상도 참 많죠. 가끔은 저도 이게 옳은 방향일까 의문이 들어요. 누군가에게 추천할 때 그런 영상은 자연스럽게 배제하게 되죠. 저는 공장식 축산업에 반대해요. 그런데 이 이슈를 말하려면 잔인한 이야기를 하지 않을 수가 없어요. 그런데 부정적인 쪽에 초점을 두면 안 듣고 싶어 하는 사람이 분명히 있어요. 그간 살아온 인생에 도덕적인 문제가 있는 것처럼 느껴지거든요. '육식이 그렇게 잘못된 거야?' 하는 반감을 살 수 있다는 거죠. 저는 그런 마음이 들게 하고 싶지 않아요. 이건 누구의 잘못도 아니에요. 그저 어릴 때부터 관습적으로 육식을 해오는 문화가 있었을 뿐인데 개인 잘못이라고 할 수 있을까요? 다만, 진실을 알게 되면 선택할 수 있는 힘이 생기죠. 그래서 저는 웬만하면 부정적인 얘기보다는 채식했을 때 좋아지는 것에 관해 이야기하고 싶어요. 누군가에게 짐을 지우는 대신 탄소 발생을 줄이고, 쓰레기를 줄이고, 자연 친화적으로 살았을 때 좋아지는 것들을 이해할 수 있게 하는 거죠. 혹은 과학적인 통계로 설득하는 것도 좋고요.

신지혜—작가

과학적인 통계라 함은….
햄이나 소시지 같은 가공육이 1급 발암 물질로
분류됐어요. 담배나 청산가리랑 같은 급이에요.

아…!
어떠세요? 이런 정보를 알고 나면 내 몸을 좀더 위하게
되지 않나요? 정보는 많이 알수록 좋아요. 모르는 것보다
훨씬 낫죠. 그러니까 꼭 잔인한 영상이 아니더라도,
과학적인 데이터에 근거해서 사람들을 설득하는 게
좋아요. 작은 예지만, 비건을 하면서 누군가 다이어트에
성공했다면 그것 역시 좋은 영향을 미친다고 보고요.

**"몸이 힘들기보다 정신이 피로할 때가 가끔 있다."고
하셨어요. 그럴 때 "생활 패턴에 맞는 삶의 방식을 찾기
위해서 시행착오를 겪는다."고도 하셨는데요. 생활 패턴을
살피기 위해서는 삶의 어떤 부분을 돌아보면 좋을까요?**
먼저, 소비 패턴을 살펴보세요. 그다음은 어떤 쓰레기가
많이 나오는지를 보는 거예요. 이 둘이 가장 강력한 것
같아요. 내가 어디에 돈 제일 많이 쓰는지, 내가 뭘 제일
많이 버리는지를 보는 거죠. 그럼 자기가 하고 있는 좋은
소비와 나쁜 소비, 과소비를 파악할 수 있어요. 소비가
결국은 탄소와 연결될 수밖에 없기 때문에 이 부분을
집중적으로 보면 조금이라도 다듬을 수 있거든요.
2020년 제 목표가 '1년간 옷 안 사기'였어요. 그 이전에는
플라스틱 안 쓰기, 화장품 안 사기를 목표로 삼고 하나씩
해나갔는데, 그렇게 소비를 줄여도 이상하게 돈은 계속
나가는 거예요. 정리를 해봤더니 그게 다 옷 소비더라고요.
기성복도 그렇지만 요가복 소비가 많았어요. 그래서
2020년, 새해를 맞이해서 1년 동안 옷을 사지 말자고
마음먹은 거죠. 3개월까지가 진짜 힘들었어요. 사고
싶은 게 너무 많고, 인터넷 알고리즘이 자꾸 예쁜 옷들을
보여주더라고요. 3개월쯤 지나면서 옷 정리를 해봤는데요.
그때 제가 비슷한 옷을 계속 사고 있다는 걸 알았어요.
사는 옷도 비슷하고, 실패하는 옷 디자인도 늘 비슷한
거예요. 그러면서 소비가 습관이라는 걸 알았어요. 마음의
습관인 거죠. 그때 옷을 한 차례 다 정리하고 제가 잘
입는 옷을 알게 됐어요. 지금 입고 있는 옷처럼 빨래가
잘되고, 잘 마르고, 입었을 때 착용감이 좋은 옷을 오래
입더라고요. 그때부터 오래 입는 옷 위주로 소비를 하게
됐죠. 그즈음 미싱도 배웠어요. 오래 입는 게 중요하다고
생각해서 리폼해서 입으려는 생각이었죠. 처음 옷을 안
사기로 마음먹었을 땐 1년 채우면 무조건 백화점부터
갈 거라고 생각했는데요. 세어보니 16개월 동안 옷을 한
번도 안 샀어요. 욕구가 안 생기더라고요. 그렇게 한 번
내 소비 패턴을 정리하니까 기준이 생겼어요. 나는 이런

옷을 좋아하는 사람이구나…. 지금은 옷뿐만 아니라 다른
부분에서도 느끼고 있어요.

소비를 정리하면서 진짜 취향도 알게 된 거네요.
맞아요. 버리는 것에 관해 좀더 이야기해 보고 싶은데요.
버리는 것 중 가장 큰 비중을 차지하는 게 아마 먹는
걸 거예요. 마지막까지 줄이려야 줄일 수 없는 게
먹거리더라고요. 옷은 안 사도 살 수 있지만, 안 먹으면
우리는 죽잖아요. 생계가 연결되는 일인 거예요. 쓰레기를
보면서 내가 뭘 먹었는지, 뭘 버렸는지, 먹거나 먹지 않은
걸 뭘로 대체할 수 있는지 생각해요.

**뭘 샀는지, 뭘 버렸는지를 면밀하게 보다 보면 반성과
회의감이 엄청날 것 같아요.**
물론 그렇죠. 근데 한차례 정리되고 나면 되게 좋아요.

**마음먹고 한번 도전해 볼게요. 이런 이야기를 하셨지요.
"재사용하는 것만큼 지구를 위하는 방법은 없다."**
여전히 그 생각에는 변함이 없어요. 가장 기본적인 게
텀블러죠. 저는 외출할 때 텀블러를 두세 개씩 들고
다녀요. 하나는 물, 하나는 커피…. 그리고 손수건.
사람들이 많이 쓰는 것 중 하나가 휴지거든요. 손수건만
적극적으로 써도 미세 플라스틱을 정말 많이 줄일 수
있어요. 요즘은 기기 도움을 받는 것도 많이 생각하고
있어요. 치실 대신 아쿠아픽을 쓰거나 화장 솜 대신
롤러를 이용하거나, 화장실에서 비데를 쓰는 식으로요.
스테이플러도 심 없는 것으로 대체할 수 있고요.

**저는 기술 발전이 환경에 안 좋은 영향을 미친다고
생각했는데 오히려 기기가 친환경적으로 지낼 기회를
만들어준다는 생각도 드네요.**
오래 잘 쓰는 게 중요하죠. 신제품에 현혹되지 않고
꾸준히요. 휴대전화만 해도 신제품이 나오면 더 이상
성능이 없는 것처럼 이야기하거든요. 근데 사실 그렇지
않잖아요. 못 쓸 정도로 고장 나지 않는 이상 쉽게 바꾸지
말자고 자주 마음먹어요. 미싱을 배운 것도, 업사이클링을
하는 것도 자원을 계속 쓰려고 하는 거니까요. 아, 얼마
전에는 일본에서 킨츠키를 배워 왔어요. 깨진 유리도 다시
쓰려고요.

본고장에서 배운 거네요?
네. 재사용 기술을 배우는 데 관심이 무척 많아요. 비록
아직은 초보지만요. 저는 탄소를 줄이기 위해서라도,
뭐든 저한테 오는 거리가 짧은 걸 선호해서 로컬 브랜드에
관심이 많거든요. 일본에 여행 갔을 때도 동네 브랜드를

둘러보게 됐는데 킨츠키 하는 분이 계셨어요. 킨츠키 작업이 상상 초월이더라고요. 깨진 조각들을 이어 붙여 등이나 스탠드를 만드는 분도 있고, 모든 결과물이 예술 작품 같았어요. 킨츠키를 접한 게 출국 전날이었는데 너무 배워보고 싶어서 곧장 선생님을 찾아 연락했어요. 배우고 나니 점점 더 큰 재미를 느끼게 됐죠. 킨츠키가 금가루를 입혀서 마감하는 기술이거든요. 근데 하는 사람마다 금가루 레시피가 다르다는 거예요. 다들 킨츠키에 엄청난 자부심을 갖고 있었죠. 그게 참 재미있었어요. 단순히 깨진 걸 붙이고 수리하는 기술에서 머무는 게 아니라 장인 정신으로 하고 있다는 점이요. 저는 이런 게 삶의 풍요로움이라 생각해요. 나만의 방식을 구체화하고 내가 뭘 좋아하는지 알아가면서 그걸 만들어가는 과정! 그래서 저는 제로 웨이스트가 재미있어요. 단순히 쓰레기를 줄이자는 생각에서 좀더 나아가 창의성과 정체성을 드러내는 방향으로 자원 순환을 하고 있으니까요.

지속가능성에 나만의 방식을 담는 거네요.
잘사는 일이라고 하면 사회적 성공에 대해서 얘기하는 사람들이 많아요. 물론 저도 돈은 중요하다고 생각해요. 그런데 돈을 버는 과정에서 외주화가 일어나는 게 불편해요. 수리는 물론이고 집안일도, 식사도 다 맡겨버리잖아요. 저는 누구나 내가 먹을 음식을 직접 고르고, 재료를 사고, 요리하면서 느끼는 성취와 좋은 에너지가 있다고 생각해요. 그게 스스로 삶을 돌보며 느낄 수 있는 풍요로움이라 여기고요. 풍요롭다는 건, 경제적인 풍요가 아닌 나를 돌보는 데서 오는 게 아닐까요?

처음에 이야기하신 충만함과 연결되는 것 같아요. 이제는 환경 감수성을 나서서 기르지 않으면 안 되는 시기예요. 어떻게 하면 우리가 좀더 예민하게 살아갈 수 있을까요?
자연 속에서 재밌게 놀아보세요. 지금 우리는 자연과 너무 단절돼 있잖아요. 굳이 시골로 가지 않더라도 산책하면서 날씨를 감각하거나 새소리를 듣는 일들이 도움이 될 거예요. 멀어지면 멀어질수록 무뎌지거든요. 야외 활동이야말로 환경 감수성을 높여주는 가장 직관적인 방법이에요. 저는 나투라 프로젝트를 통해 그런 일들을 하고 있는 거고요. 얼마 전엔 나투라 프로젝트로 연을 맺은 사람들과 제로 웨이스트 여행도 가고, 작년에는 클린 백패킹도 다녀왔어요. 음식, 물건… 모든 걸 고려해서 쓰레기가 나오지 않는 동선을 꾸린 거죠. 쓰레기 없는 백패킹을 마치고 쓰레기를 주워 오는 것까지 마치고 나니 '너무 좋다, 지키고 싶다.'를 넘어서 우리는 혼자서 살 수 없다는 생각을 하게 됐어요. 만일 동료가 없었다면 저 혼자

새카만 자연에 들어가서 하룻밤을 잘 수 있었을까요? 그런 걸 느낄 때마다 조금씩 겸손해져요.

이렇게 연결된 우리가 느슨하게나마 무해한 하루를 이어간다면 더 나은 내일이 찾아올 거라고 믿어요. 저도 노력해 볼게요. 이제 마지막 질문을 드릴게요. 여기, 소원을 들어주는 요정이 있어요. 지혜 씨가 말하는 걸 전 세계 사람들이 실천하게 될 거예요. 어떤 걸 이야기하고 싶어요?
무해한 세상이 되기 위한 가장 빠른 길은 채식이에요. 비행기를 타지 않으면 탄소 배출량이 한 번에 많이 줄겠지만 비행기 탑승은 모든 사람이 빈번하게 하는 일은 아니잖아요. 지금 세상 사람들이 가장 잦은 빈도로 하는 게 육식이거든요. 전 세계 사람들이 채식의 비중을 아주 약간이라도 늘린다면, 확실히 탄소 배출량이 줄지 않을까요? 그러니까 완강한 채식주의자 한 명보다 채식지향자가 여러 명 늘어나면 좋겠어요. 하루 한 끼 채식이더라도요. 저는 제로 웨이스트라고 얘기하지만 정확하게 말하면 저탄소 생활을 지향하는 것 같아요. 더 많은 사람이 나를 돌보며 그렇게 되기를 바라고 있고요!

제로 웨이스트를 하고 있다고 한 번도 말한 적 없다. 나는 물건도 많고, 소비도 잦고, 충동구매도 심심치 않게 하니까. 채소는 좋아하지만 비건은 아니고, 빨대는 쓰지 않아도 바나나 우유는 사 먹으니까. 지혜 씨랑 대화를 나누고 나서 곰곰 생각해 봤다. 텀블러가 없으면 아무리 목이 말라도 테이크아웃 하지 않고, 플라스틱이나 비닐이 나오는 일은 피하고, 주변에 널려 있는 종이컵 대신 항상 머그잔을 씻어 쓰는 나는 어떤 사람일까 하고.

어떤 혁명은 '돌봄'으로부터 시작될 수도 있다. 색색깔의 씨앗들을
모으고, 이를 심고 키우는 기쁨을 이야기하기 위해 다소 거창한
첫 문장일 수도 있겠다. 씨드키퍼의 문혜성과 송다혜는 흙 위로
고개를 빼꼼 내민 떡잎으로부터 일상을 뒤흔들 만한 희망을
발견하고야 만다. 그러니까, 이건 작은 씨앗으로부터 시작된 이야기.

지긋함을 기르는 일

문혜성·송다혜—씨드키퍼

에디터 오은재
포토그래퍼 이요셉

곳곳에 물기를 머금은 화분들이 놓여있어요.
다혜 저희는 출근하자마자 스튜디오에서 기르고 있는 식물들에게 물부터 줘요. 화분들을 좀 둘러보고, 흙이 말라 있는지 상태를 체크해 보죠.
혜성 물 주는 시간대를 정해놓지 않으면 다른 일 때문에 미뤄지게 돼서, 아침에 여유가 있을 때 식물들 위주로 둘러봐요. 이후 책상에 앉아 다른 업무들을 하고요.

식물로 시작하는 하루라니 좋네요. 얼마 전에 씨앗 파종을 하셨다고요?
혜성 저희는 계절 상관없이 1년 내내 씨앗 파종을 하고 있는데요. 다가오는 봄을 준비하며 새로운 씨앗키트를 만든 만큼 이번 달엔 유독 분주했어요. 메인 씨앗들을 70종으로 새롭게 구성해 보았거든요. 그런데 시중에서 모종을 구하기 어려운 경우가 많다 보니, 저희가 다루는 씨앗들은 데이터 확인차 직접 길러보고 있어요. 식물들이 자라면서 어떤 모습으로 크는지도 계속 지켜봐야 하죠. 그래야 오픈 스튜디오에 방문해 주시는 분들에게 실제 식물들을 보여드리면서 설명할 수 있거든요. 주인공이 없으면 섭섭하잖아요.

이번에 심은 씨앗들은 언제쯤 자라나요?
혜성 씨앗마다 시간이 다 달라요. 발아할 때 3주 걸리는 씨앗들도 있어요. 저희가 다루는 식물들은 생명의 사이클이 조금 빠른 편인데요, 잎채소들은 진짜 빠르면 2-3일 안에도 발아해서 금방금방 크는 편이에요. 보통은 50일이면 다 수확할 수 있을 만큼 자라나요. (화분을 가리키며) 저기 버터헤드레터스 보이죠? 저건 자라자마자 그때그때 잎을 수확해서 먹기도 하거든요.

(뒤를 돌아보며) 우와, 매번 낱장으로만 봤는데 이런 모습으로 피어나는군요. 너무 예뻐요. 꽃 같기도 하고요. 떼어 먹기 좀 아까울 것 같아요.
혜성 유럽형 상추인데 식감이 정말 부드러워요.
다혜 키우는 동안 애정이 생기니까 '어떻게 먹냐.'며 머뭇거리는 분들도 계시는데요. 어차피 저대로 놔두면 고루 건강하게 자라지 못해서 제때 수확해야 해요. 머리카락처럼 주기적으로 다듬어 줘야 하죠. 그래야 또 새로운 잎이 자라나거든요.

직장에서 동료로 만나 인연이 시작되었다고 들었어요.
다혜 혜성 씨랑은 9년 전쯤 회사에서 처음 만났는데 그때부터 쭉 친구처럼 편히 지냈어요. 몇 년 전 혜성 씨가 우리 집과 가까운 동네로 이사를 와서 더 자주 만나게 되었고요. 그때 혜성 씨 집에 놀러 간 적이 있는데요, 식물

선반을 만들어 놓고 이것저것 키우더라고요. 꽃집에서 산 화분 말고도 씨앗도 심어가면서 꽤 본격적으로 식물 생활을 하고 있었죠. 그걸 구경하다 씨앗 이야기를 나누게 되었고, 내친김에 하나 받아 왔죠.

식물 이야기부터 나누느라 정작 두 분 소개를 못 들었네요(웃음). 함께 브랜드를 운영하고 있는데 역할은 어떻게 분담했나요?
다혜 저는 씨드키퍼의 전반적인 브랜드 디렉팅을 맡고 있습니다.
혜성 저는 씨앗 큐레이션과 텍스트 기반의 콘텐츠를 기획하고 만들고 있어요.

혹시 그때 어떤 식물의 씨앗을 주었나요? 키우기 쉬운 식물이었어요?
다혜 제 기억에는 와일드 루꼴라였던 거 같아요.
혜성 아마 키우기 쉽진 않았을 거예요. 와일드 루꼴라 씨앗이 정말 작거든요. 씨앗이 작으면 새싹도 작아서, 섬세한 관찰이 필요해요. 저도 씨앗을 키우고는 있었지만, 대번에 쉬운지 어려운지 구분할 정도로 지식이 있던 것은 아니었어요. 궁금한 마음으로 실험해 보던 시기였죠.

씨앗이 크면 상대적으로 키우기가 쉬운가요?
혜성 음, 모든 식물이 다 그런 건 아니지만 큰 씨앗은 작은 씨앗에 비해 영양분도 조금 더 많이 가지고 있어, 초반에 자기 힘으로 잘 자라날 수 있어요.
다혜 어차피 처음이니까 어려웠는지, 쉬운지조차 모르는 채로 키우기 시작했어요. 씨앗은 싹 틔우는 것 자체가 첫 번째 고비나 다름없거든요. 근데, 싹이 난 거예요. 인제 와서 돌이켜 보면 그때 웃자람도 되게 심했어요. 웃자람은 빛이 모자라면 줄기만 길어지는 현상이에요.
혜성 줄기만 너무 길어지면 쓰러지거든요. 맥아리가 없어져요.
다혜 저희 집에 빛이 많이 들어오는 편이 아니어서, 애가 묘하게 힘이 없던 거 같긴 한데요. 그땐 그런 것도 모르고 마냥 신났어요. '되게 잘 자란다!' 하고요.

첫 시도에 싹을 틔우다니, 식물 키우는 일에 소질이 있었나 봐요.
다혜 저희 집에도 화분이 몇 개 있긴 했지만, 씨앗부터 키워본 건 난생처음 겪는 일이었어요. 그때 제가 직장을 그만두고 쉬어갈 때라 마음이 조금 힘들던 시기였는데요. 정성을 쏟은 식물이 싹을 틔우는 걸 보니 기분이 되게 묘했어요. 무언가 회복되는 것 같았달까요? 제가 원래 아침에 잘 못 일어나는 편인데 눈이 저절로 떠지더라고요.

얼마나 자랐나 궁금해서요. 새로운 생명의 탄생에 도움이
되었다는 사실에 자기 효능감도 느꼈고요. 그런 보람찬
기분은 또 처음이라, 제가 느낀 감정을 더 많은 사람들이랑
공유하고 싶었어요. 그때부터 혜성 씨를 설득하기
시작했죠. 혜성 씨가 식물 관련한 쇼룸을 하나 열고 싶어
했거든요. 내친김에 우리만의 제품을 만들어 보기로 했죠.

씨앗 하나가 두 분의 터닝 포인트가 되어주었네요.
혜성 이름이 왜 씨드키퍼인지 궁금해하시는 분들이
많아요. 저희 경험을 바탕으로 시작이 된 브랜드이고,
씨앗을 통해서 더욱 많은 식물을 돌보는 사람들과
소통하고 공감하고 싶었기 때문에 자연스럽게
'기른다'라는 의미의 'Keep'을 담게 되었어요. 전하고

살아도 되는 건가?' 싶은 의구심이 있었거든요. 매번
뭔가 잃어버린 것만 같았고, 이렇게 하면 언젠가 내가
원하는 삶을 살고 있을 거라는 실낱같은 마음을 위안
삼아 지냈는데요. 지금은 비로소 제가 원하는 방향으로
나아가기 위한 트랙에 안착한 느낌이 들어요.

혜성 씨가 원하는 삶의 방향은 뭐였어요?
혜성 저는 농부가 되고 싶었거든요. 어떤 직업적인 걸
꿈꾸기보단, 퍼머컬처Permaculture 같은 영속 농업에 관심이
많았어요. 너른 땅과 그걸 일구며 살아가는 삶을 상상하곤
했어요.

싶은 게 확실하다 보니 별다른 고민 없이, 재미있게 이름을
지었죠.

이 일을 시작하고 나서 기존에 가지고 있던 일과 삶의
방식을 바꾸게 되었다고 들었어요.
혜성 저는 원래 일과 삶이 완벽하게 분리된 사람이었어요.
일을 하며 원동력을 찾기보단 취미나 관심사를 통해
동기를 얻는 편이었어요. 나름 좋아하는 일을 계속하면서
살았는데, 제겐 그저 생활을 이어 나가기 위한 도구에
불과했죠. 지금은 다혜 씨랑 같이 씨드키퍼를 하면서
좋은 쪽으로 일과 삶이 합쳐졌어요. 일을 통해 성장하고
싶어졌다는 것이 이전과는 확실히 달라진 점이에요.
늘 재미있는 걸 찾아다니면서도 마음 한편엔 '이렇게

다혜 씨는 어땠어요?
다혜 저는 일하는 걸 정말 좋아해요. 퇴사 전에도 흥미로운
일을 하긴 했지만 열심히 준비해도 아웃풋으로 이어지진
않았거든요. 씨를 뿌려도 물도 못 주게 막는 상황이었죠.
그런데 지금은 마음만 먹으면 할 수 있는 환경이 마련되어
있고, 뿌린 만큼 거둘 수 있어서 만족감이 커요.

직장 동료 시절 특별히 합을 맞춰보지 않았음에도
두 분의 호흡이 잘 맞는 것 같아요.
다혜 저희가 종종 이 부분에 대해 이야기를 하는데, 저희
둘은 취향은 같아도 성향은 완전히 다르거든요. 그래서
오히려 더 퍼즐처럼 맞춰지는 기분이에요. 제가 작은
것에 몰입할 때 혜성 씨가 큰 그림을 봐줘요. 또 반대로

제가 전반적인 아웃풋을 챙길 때 혜성 씨가 섬세하게
챙겨주고요. 그런 공수 전환이 잘되는 것 같아요.
혜성 그리고 둘 다 사람한테 관심이 많아요. 다만 다혜
씨는 시선을 '사람'들에게 돌리고, 저는 저란 사람을
비롯한 개개인의 내면이 조금 더 궁금해요. 그런 점에
있어서 다혜 씨가 제 스승이기도 한 게, 브랜드를 운영하는
사람으로서 대중의 시선을 조금 더 생각해 보거든요.
제가 글을 썼는데 너무 개인적인 이야기에만 머무르면
읽는 사람들은 무슨 말인지 알 수가 없을 거 아니에요.
그걸 짚어주고 보완해서 씨드키퍼만의 메시지가 되도록
매만지죠.
다혜 저는 백지가 두려운 사람이거든요. 아무것도 없는
상태에서 무언가를 시작하는 게 다소 머뭇거려지는데 혜성
씨는 일필휘지로 적는 편이에요.
혜성 시작은 재미있는데, 항상 마무리가 어렵더라고요.
그 부분에 늘 고민이 있었는데, 다혜 씨하고 같이 할 땐
부족한 부분을 완벽하게 채워주죠.

완벽한 티키타카네요. "한정된 공간의 물리적 한계를
뛰어넘어 자기만의 정원, 자기만의 밭을 꾸미는 것의
가능성을 함께 전합니다."는 문구로 씨드키퍼를 소개하고
있죠. 두 분께선 나만의 너른 땅이 생긴다면 무엇을 일구고
키우고 싶으셨어요?
혜성 아까도 퍼머컬처를 언급했는데, 자연이 알아서 자기
생태계를 잡아서 성장하게끔 하는 게 핵심이거든요. 너른
땅이 생기면 그런 환경을 조성하고 싶었어요. 정형화된
밭이 아니라, 푸드 포레스트처럼 과실수 위주로 심어서
수확하는 방향으로요. 해외에선 이 시스템이 되게 잘되어
있거든요.
다혜 큰 밭이 아니더라도 내 집 앞에 자그마한 텃밭이라도
생긴다면 그 개념을 꼭 도입해 보고 싶었어요. 이걸 저희
제품에도 적용해 보려 했는데요, 혹시 '동반 식물'이란
이야기를 들어보셨어요?

동반 식물이요?
혜성 두 개 이상의 작물이 함께 자랄 때 서로 좋은 영향을
주고받는 거예요. 그러면 사람이 덜 개입해도 자기들끼리
알아서 어우러지며 자라기 때문에 생태 텃밭에서는 이
원리를 많이 사용해요. 이를테면 마리골드처럼 살충 성분이
있는 꽃들을 채소 사이사이에 심어둔다든지, 해충들이
부추나 양파에서 풍기는 매운 향을 기피하니 벌레를 잘
먹는 식물들 곁에 배치하기도 해요. 그런 상생하는 풍경을
만들고 싶어서 한 화분에 두 식물을 키울 수 있도록 구성해
보았어요. 그 상호작용을 경험하고 나면 또 다른 식물을
키울 때나 자기 삶에도 적용할 수 있을 거예요.

씨앗을 잘 키워내려면 어떤 환경을 조성해야 해요?
혜성 씨앗은 되게 과학적이에요. 기본 원리만 알면
대부분 발아시킬 수 있죠. 물과 공기와 빛만 있으면 돼요.
씨앗은요, 시계태엽과도 같아요. 잘 피어나려면 수분에
노출되어 있어야 하는데 물이 껍데기를 뚫고 안으로
침투하면 그때부터 톱니바퀴가 돌아간다고 생각하면 돼요.
그렇게 시간이 쌓이면서 유근이라고 하는 어린뿌리가
나오는 거라서 물이 마르지 않게끔 관리를 해줘야 하죠.

이렇게만 들으면 되게 간단한데(웃음)….
혜성 가장 중요한 건 인내예요. 싹을 틔우는 데 한 달 이상
걸리는 씨앗도 있는데, 그때까지 모든 조건이 적당히
유지되도록 관리하는 게 어렵긴 하죠. 잎이 나오는 초기
단계쯤엔 빛을 충분히 보여줘야 해요. 냉해를 입지 않기
위해선 적당한 온도를 유지해야 하고요. 식물이 뿌리를
내기까지만 신경을 써주면 통통한 줄기들이 자랄 거예요.
그런 스테이지마다 사람의 도움이 필요하죠. 나머지는
식물의 몫이에요.

2년 동안 선보인 1세대 씨앗키트들과 작별하고 새로운
키트를 꾸렸다고 했지요.
다혜 큰 틀은 변하지 않았는데요, 브랜드를 운영하면서
느끼던 아쉬운 부분을 보완하려 했어요. 원래 기존 제품에
스포이드가 포함돼 있었어요. 사람들이 씨앗에 너무 많이
물을 주지 않게끔 가이드를 마련하고 싶었거든요. 다른
패키지는 모두 친환경 재질이라 재활용이 가능한데,
스포이드가 플라스틱이라 아쉬운 마음이 컸어요. 그래서
이번엔 과감히 빼버렸죠. 대신 핀셋을 넣었어요. 씨앗을
섬세하게 심을 수도 있고 줄기나 잎을 제거할 때도
유용해요. 심지어 벌레도 잡을 수 있고요.

거참, 조그만 게 기특하네요.
다혜 그 외에도 저희가 씨드키퍼에서 중점으로 두고
있는 게 씨앗 큐레이션이에요. 씨앗키트 테마를 정한 뒤
거기에 맞는 식물들을 골라 함께 키울 수 있게끔 했는데요.
리뉴얼을 하면서 비슷한 환경에서 자라는 씨앗들 위주로
구성을 해봤어요. 이전엔 성장할 때 편차가 큰 식물들도
있다 보니 더욱 신경 써서 관리해야 했는데, 처음 씨앗을
키우는 사람도 쉽게 접근할 수 있게끔 가감했죠.

사실 저도 씨앗 키우기에 늘 관심이 있었는데, 엄청난
식물 킬러다 보니 내가 잘할 수 있을까 하는 생각이
들어서 선뜻 용기가 나질 않았거든요.
다혜 맞아요, 아마 씨드키퍼를 처음 접한 사람들도 다들
그러실 거예요. 저희를 찾아오시는 분들은 식물을 잘

키우는 사람들이 아니거든요. 그래서 초보인 분들도 쉽게 접근하실 수 있게끔 최소 단위의 씨앗키트도 함께 마련했어요. 여기엔 피트 펠릿과 씨앗만 들어 있는데요. 피트 펠릿은 이끼를 부식시켜 만든 피트모스를 압축한 배양토예요. 처음엔 이 작은 흙만 있어도 발아가 가능하거든요. 망이 감싸고 있는데 흙에서 생분해가 되기 때문에 이 상태 그대로 씨앗을 심어도 괜찮아요.

인큐베이터 같은 거네요?
다혜 정확해요. 미네랄 페이퍼로 만든 종이 트레이도 같이 넣었는데요. 돌을 원료로 한 종이라서 물에 안 젖어요. 몇 번이고 재사용도 가능하고요. 만져 보실래요?

우와, 엄청 보들보들해요.
다혜 모서리를 접으면 접시처럼 사용할 수 있거든요. 여기에 피트펠릿을 올리고 물에 불려둔 다음에 어느 정도 자랄 때까지 임시 화분이 되어줄 수 있게끔 고안을 해봤어요. 저희는 다 재활용이나 재사용이 가능한 소재를 활용하려고 해요. 제품을 사고 나면 포장지는 버리게 되잖아요. 그게 너무 아까워서 충분히 사용한 뒤에 버릴 때도 해가 되지 않는 재료들로 구성하려고 해요. 조금 더 환경에 도움 되는 방향이 무엇이 있을까 하다가 낭비될 만한 건 과감하게 빼버리고 합칠 만한 건 합치는 방향으로 기획을 잡고 있어요. 더 줄일 건 없을까 매번 고민해요.

기후위기를 서서히 체감하고 있긴 하지만, 눈앞에 주어진 하루들을 살아내기 바빠서 그 문제를 자주 잊게 되기도 하지요. 씨드키퍼는 식물들과 각별한 사이이기도 하니 이에 대해 고민이 많을 것 같아요.
혜성 식물을 키우고 나서 달라진 점이 있다면, 날씨를 더 섬세하게 느끼게 되었다는 거예요. 예전엔 그냥 더우면 덥고 추우면 추운가 보다 했는데, 이젠 절기나 주마다 날씨를 체크해요. '작년 지금은 어땠지?' 찾아보게 되고요. 마땅히 추워야 하는 날씨에 안 추우면 걱정이 되고, 내가 별로 좋아하지 않는 날씨여도 식물이 잘 자랄 수만 있다면 반가운 마음이 들기도 해요. 우리를 둘러싼 환경에 조금 더 예민해지면서 내가 할 수 있는 일이 무엇인지 더 고민하게 되고 그만큼 책임감도 생겼어요.

그렇다면 개인 차원에서 하고 있는 노력은요?
다혜 씨드키퍼의 패키지에 대한 고민이 시작된 후부터 일상에서 나오는 쓰레기를 자세히 관찰하게 되었어요. 얼마 전에 쓰레기 산에 관한 다큐멘터리를 봤어요. 대부분 건축 폐기물이나 플라스틱 같은 거였는데, 그걸 보고 나니 분리배출에 더욱 신경을 쓰게 되더라고요. 예전에는

배달 용기를 깨끗이 씻고 나서도 기름기가 남아 있으면 일반 쓰레기로 버리고 끝냈는데, 요즘에는 악착같이 씻고 있어요. 모두가 여기로 현장 학습을 갔으면 좋겠다 싶을 정도로 충격적이었거든요. 이론으로 접하는 거랑 다르게 체감이 확 되더라고요.

씨드키퍼가 브랜드 차원에서 주요하게 이야기하는 것 중 하나가 '돌봄'이잖아요. 어쩌면 환경을 바꾸는 일은 일상을 돌보는 것에서부터 시작되는 것 아닐까요? 내가 오늘 하루 어떻게 지냈고, 무엇을 썼는지부터 점검하는 일이요.
혜성 맞아요. 저희가 예전에 '돌봄'이라는 키워드로 대화의 장을 마련한 적이 있어요. 저희는 식물을 키우는 일이 어린아이를 키우는 일과 정말 비슷하다고 느꼈거든요. 그래서 이전에 지인 중 엄마로서의 삶을 살고 있는 분과 '레터 투 레터'라는 이름의 편지를 주고받는 프로젝트를 진행하기도 했어요. 육아하면서 느끼는 고민을 편지로 써서 건네주시면, 저희는 식물을 키우면서 느끼는 감상을 답으로 보냈거든요. 그 과정을 통해 사람 간의 관계에서 느끼는 고민을 식물에 덧대어서 생각해 보면 의외로 간단하게 해결된다는 것을 깨닫게 되었어요. 그래서 그 프로젝트를 조금 더 확장해서 다양한·사람들과 함께 둘러앉아서 이야기를 나누는 시간을 가졌는데 그때 모인 사람들은 모두 '나를 돌보는 일'에 관심이 많았어요. 서로 일상에서 느낀 경험을 나누면서 무언가 차오르는 기분을 느꼈죠.

기억에 남았던 이야기가 있어요?
다혜 어떤 신청자분께서 이렇게 이야기해야 하는 자리였는지 몰랐다고 하시더라고요. "괜찮으니 듣고만 가셔도 된다."고 말씀드렸는데, 정작 자리가 끝나고 나니 가장 기억에 남은 이야기는 그분이 중간중간 툭툭 던져주신 말이었어요. 이를테면 '나를 돌보려면 자신을 먼저 잘 알아야 한다.' 같은 이야기요. 되게 간단한데도 그날의 핵심을 짚은 문장처럼 느껴졌어요.
혜성 그분께서, 이제 막 사회생활을 시작한 친구들한테 "어떤 게 좋냐?"고 물을 때마다 대부분 "다 좋아요."라고 이야기한다고 하더라고요. 그런데 그렇게 말하는 건 내가 어떤 걸 좋아하는지 몰라서 다 좋다고 이야기하는 걸지도 모른다는 말을 해주셨는데, 많은 분께서 공감하셨어요.
다혜 그런 대화가 오가고 난 뒤 자리를 정리하다가 혜성 씨가 "살아 있는 기분이야."라고 이야기하더라고요. 그만큼 꼭 필요한 시간이었죠.

저도 홈페이지에 올라온 그날의 녹취록을 읽으면서 많은 위로를 받았어요. 그 프로젝트가 씨드키퍼가 하는 씨앗 큐레이션과 되게 닮았더라고요. 한 주제를 가지고 다양한

사람들이 모여, 저마다의 무언가를 피워내고 있는 풍경이
너무나도 아름다웠어요.
혜성 이렇게 말씀해 주시니 조만간 다시 자리를
만들어봐야겠단 생각이 들어요.
다혜 저희는 너무 좋았는데, 다른 분들도 좋아할지 걱정이
되었거든요. 계속 해야 하는 이유가 생겼네요.

다음에 꼭 저 좀 초대해 주세요(웃음). 씨드키퍼의
첫 시작은 펀딩으로 이루어졌는데, 그때 후원해 주신
분들끼리 씨앗 일기를 공유하기도 했지요.
혜성 맞아요. 그때도 저희가 씨앗키트를 처음으로
선보이면서 공감해 주실 분들이 계실까 고민을 했는데요.
그렇게 씨앗을 키우며 쌓아온 좋은 시간을 이야기해

다혜 이 질문이 저희에겐 제일 어려웠어요. 이걸 뭐라고
대답하면 좋을까 싶었거든요.
혜성 어제 다혜 씨가 그 이야기 해줬잖아요. "저마다
다른 속도로 자라는 걸 보면서, 기다리는 법을 배우게
된다."고요. 새벽 배송과 숏폼 콘텐츠가 대세인, 빠르게
돌아가는 세상 속에서도 식물은 유유히 성장하죠. 그건
사람 마음대로 할 수 있는 일이 아니고요. 영양제를 준다고
해도 식물은 자기만의 리듬과 속도가 있기 때문에 오늘
심고 내일 깨어나는 걸 요구하는 건 무리이기도 해요.
그런 식물과 함께 살기 위해선 한발 물러서서 기다려야만
해요. 그러면서 자연스럽게 적당한 거리를 두는 법을
배우게 돼요.

주시니 이 일에 확신이 생기더라고요. 라운드테이블도 그
연장선이라고 볼 수 있겠죠. 어딘가에서 열심히 무언가를
돌보고 있는 사람들과 실제로 만나서 대화를 하고 난 뒤
동력을 얻었어요. 사전에 공유해 주신 인터뷰 질문지에
씨드키퍼가 '누구를 위한 걸까?', '왜 해야 하는 걸까?'라는
이야기가 있었는데요. 저희는 결국 돌보는 사람들을 위한
일을 하고 있다고 생각해요. 좁은 의미로는 식물을 돌보는
사람들이겠고, 더 나아가서는 자신을 돌보고, 삶을 돌보고,
공동체와 세상을 돌보는 이들과 함께 무언가를 꾸려나가고
싶단 생각을 많이 해요.

무언가의 성장을 느긋하게 기다리기 어려운 세상 속에서
씨앗을 돌보는 것은 어떤 의미일까요?

지긋함은 모두에게 필요한 일 같아요.
혜성 저희끼리 가드닝이 인간성 기르기 좋은 활동이라고
말하곤 해요(웃음). 식물과 가까이 지내다 보면 자기
뜻대로 할 수 없으니까 가만히 지켜보게 되거든요. 말을
해주지도 않으니 어떤 현상을 관찰하면서 끊임없이
사유해야 하고요. 좋은 훈련인 거 같아요.
다혜 식물이 가지고 있는 사이클을 인간의 삶에 덧대어
보면 어지러웠던 일들이 명쾌하게 정리가 되곤 해요.
로메인과 페퍼민트가 다른 성질을 가지고 있었듯이
사람도 마찬가지잖아요. 식물을 키우다 보면 그것 자체로
존중하는 법을 터득하게 되죠. 이건 자연만이 줄 수 있는
지혜 같아요. 제가 처음 씨앗이 자라나는 모습을 보고
행복했던 것처럼 사람들도 이 기쁨을 알았으면 좋겠어요.

**이번 호가 출간되는 시점이 4월일 텐데요. 4월 5일은
식목일이기도 하죠. 올해 식목일은 어떻게 하루를 보내면
좋을까요?**

혜성 모두들 저마다 자연 속에서 느낀 크고 작은 경험이
있을 텐데요. 이를테면 집 앞 장미나무에 얽힌 추억이나
부모님과 주말 텃밭을 가꾸던 기억 같은 거요. 만약 없다고
해도 씨드키퍼를 통해 그런 경험들이 누적된다면 자연스레
곁에 있는 것들을 돌아보고 돌보게 될 거예요.

다혜 예전에는 식목일마다 나무를 심었잖아요. 민둥산을
나무로 채워야 한다고 외쳤는데, 그런 것도 좋지만
내가 좋아하는 것들에 조금 더 관심을 기울이는 하루가
되었으면 해요. 무언가를 사랑하게 되면 그걸 지켜주고
싶잖아요. 사람도 마찬가지고, 식물도 동물도요. 작은
식물에 조금씩 관심을 기울이다 보면 애정이 자라나지
않을까요? 씨드키퍼가 그 시작이 되었으면 해요.

씨앗 몇 개가 든 봉지를 달랑달랑 들고 집으로 돌아오는
길. 오늘의 대화를 곱씹어 보며 작은 씨앗들을 각각의
보금자리에 숨겨두고서 넘치지 않을 정도로 물을 주었다.
볕드는 자리에 앉아 손톱 사이사이에 낀 흙 알갱이들을
바라보니 이내 마음 속에 뿌듯함이 한 가득 차오른다.
큰 수고를 들이지 않고도 이렇게 보람을 느낄 수 있다니.
씨앗이 혹독한 계절을 지나 고개를 내밀기까지, 물심양면
할 수 있는 일을 해내 보겠다고 다짐한다. 언젠가 그들이
마련한 자리에 앉아 조심스럽게 입을 열 수 있기를 바라며,
작은 씨앗으로부터 시작될 또 다른 이야기를 기다려 본다.

26 ice plant
27 artichoke
28 marigold
29 yarrow
30 cranberry bean

36 celtuce
37 chive
38 globe amaranth
39 pak choi
40 blue sage

46 pepper-mint
47 fennel
48 nasturtium
49 sunflower
50 cherry tomato

56 viola
sorbet white jump up

takeout seedkit

seedkeeper

현관 문을 열고 들어서자 마자 집 한 면을 차지한 식탁이 보인다. 희고
둥근 식탁은 범선과 지지라는 두 명의 인간과 왕손이라 불리는 한 명의
비인간동물이 둘러앉기에 적당한 크기이다. 저마다의 고단한 하루를 마친
후 세 식구는 매일 그 식탁에 모인다. 적당히 퍼낸 밥과 자연이 내어준
일용한 양식을 차려 놓고 자리에 앉을 때, 둥근 원은 완벽하게 맞물린다.

식탁 위에서 배우는 사랑의 자세

전범선·편지지—아티스트

에디터 오은재
포토그래퍼 최모레

찻상을 앞에 두고 마주 앉게 되었네요.

지지 (차를 가리키며) 여행의 잔해예요. 이번 여행에서
퍼포머티브한 다도를 실컷 즐기고 와서 꽂혀버렸어요.

범선 아마 한 달도 안 갈 겁니다(웃음).

**본격적인 여행 이야기를 듣기 전에 두 분 소개를 먼저
해볼까요?**

범선 저는 글을 쓰고 노래하는 전범선이라고
합니다. '양반들'이라는 밴드에 소속되어 있고,
'동물해방물결'이라는 단체에서 자문위원을 맡고 있어요.

지지 저는 미술 작업을 하며 글을 쓰는 편지지입니다.

지지 씨는 어딜 다녀온 거예요?

지지 발리랑 대만을 둘러보고 왔어요. 발리에선 한 달
정도 있었고, 대만에는 열흘 있다가 왔어요. 대만은
채식하기에도, 차 문화를 즐기기에도 좋아요. 서핑도 할
수 있고요. 저랑 제 친구들이 가지고 있는 공통의 관심사를
전부 누릴 수 있는 곳이어서 천국에 다녀온 것만 같았어요.
발리는 예전에 3년 정도 살던 곳이라, 이번에는 그냥
쉬다가 왔고요. 작년 여름쯤, 오랜만에 다시 발리를 가게
된 건데 개발이 너무 빨리 된 것이 실감이 나더라고요.
이번에도 그랬고요. 6개월 전에 들판이던 곳을 다시
가보니 건물들로 꽉 차 있는 거예요. 너무 놀라서 이번에는
마냥 즐기지 못한 것 같아요.

**범선 씨도 발리 가보신 적 있어요? 지지 씨 글을 통해
만난 발리와는 또 다른 느낌이었을 것 같아요.**

범선 작년 여름에 지지랑 처음으로 같이 다녀왔어요.
발리는 인도네시아의 섬이잖아요. 인도네시아는 주로
이슬람 국가인데, 발리만 힌두 문화권이라 좀 특별해요.
그러다보니 동양의 영성적인 기운도 느껴지고, 여러모로
낯선 풍경이 펼쳐져서 신기했어요. 소들이 오만 군데를
누비고 있는 거예요. 한국에서는 보기 힘든 광경이어서
다소 충격을 받았어요. 동물해방물결은 온갖 고생을 다
해가며 소 다섯 명 구출해서 보금자리를 만들었는데,
발리에선 그냥 이게 일상적인 모습인 거죠. 아, 저희는
비인간동물만 '마리'라고 수식하는 것은 종차별적이라고
생각해서 '명'이라고 칭하고 있어요. 발리는 집집마다
사원이 있어요. 그리고 집 문 앞에다가 작은 제사상을
차려 놓거든요. 일종의 제물이나 마찬가지죠. 그걸
개들이 자유롭게 먹기도 하고요. 발리는 개들도 목줄 없이
자유롭게 돌아다녀요. 한국에선 동네를 떠돌아다니는
개들은 주인이 없겠거니 하고 잡아서 먹잖아요. 다른
문화권에서 인간과 비인간동물이 어떻게 관계를 맺는지를
보는 것이 새로웠어요.

새로운 풍경을 보며 자연스레 영감을 얻는 편인가 봐요.

범선 네. 최근에 양반들이랑 캘리포니아에 한 달 동안
머물며 음반을 만들고 왔는데요. 조슈아 트리 국립공원에
3주 정도 들어가 있었어요. 거긴 사막인데, 사막에서는
하늘이 절대적이에요. 하늘이 땅을 완전히 압도하고 있죠.
그러니 해님이 그곳을 지배하고 있다고 보아도 무방해요.

태양이요?

범선 한국에는 산이 많잖아요. 그래서 산마다 산신령들이
있다고 믿는데, 사막에는 오직 해님과 달님이 전부예요.
생명체가 없다보니 오로지 해만 보게 되더라고요.
생각해 보면 전 세계에 있는 중요한 유일신 종교들은 다
사막에서 나왔잖아요. 3주 동안 양반들이랑 하늘 보면서
"얘들아 해님 나왔다! 들어가신다! 달님 나온다!" 하면서
노래를 만들었죠. 저희는 자연과 연결되고 노래하는 것이
풍류라고 생각해요. 캘리포니아의 풍류를 제대로 느끼고
왔죠.

**태양의 기를 잔뜩 받고 오셨네요. 두 분 모두 비거니즘에
관해 목소리를 내고 계세요. 범선 씨는 지지 씨가 상의
탈의한 채 밸런타인데이 초콜릿 반대 시위를 하는 걸 보곤
처음 알게 되었죠.**

범선 (그림 하나를 가리키며) 저 그림이 그 그림이에요.

지지 친구인 노예주 작가가 시위할 때 찍힌 기사 사진을
보고 그려준 거예요.

범선 저는 그 사진을 본 거죠. 아는 단체랑 동지들이 하는
시위였으니까 우연히 보게 된 건데, 처음 보는 사람이
주동자처럼 서있더라고요. 최전방에 서서 스모크를 들고
있는 걸 보며 새로운 리더를 뽑은 줄 알았어요.

화면 너머로 기운이 느껴진 건가요?

범선 맞아요. '화'가 많은 사람이다, 싶었죠. 심지어
스모크까지 들고 있으니 엄청난 불의 기운이 느껴졌어요.
지지 손에 연막탄 불똥이 튀어서 화상을 입기도 했어요.

**그때 상의탈의를 하고 가슴에 피를 연상 시키는 물감을
칠했다고 들었어요. 광장에서 상의 탈의를 하는 일엔 큰
용기가 필요했을 것 같은데요.**

지지 유럽권 쪽에 페맨이라는 여성주의 활동 단체가
있어요. 그쪽 친구들은 화관을 쓰고 상의 탈의를 한 뒤
문구를 몸에 적고선 시위를 하거든요. 암스테르담에서
동지들과 함께 참여한 동물권 행진에서 상의 탈의를
하고선 비건 페미니즘을 외쳤어요. 처음 참여하고 엄청난
용기를 얻었죠. 그 뒤로 한국에서도 액션이 이어질
예정이라고 해서 함께 나가게 되었어요.

**결연한 마음이었네요. 지지 씨도 동물권 행진에서
북치는 범선 씨를 처음으로 보게 되었다면서요. 서로의
뇌리에 강한 인상을 남긴 후 범선 씨가 "차를 마시며
이야기를 나누자."고 제안을 해서 사석에서 만나게
되었고요. 그 뒤로 계속 함께해 오고 있는데, 인연임을
느낀 것은 언제였나요?**

범선 처음 만난 날 밤새도록 수다를 떨고 한 달 만에 같이
살게 되었어요.
지지 이 사람이 좀 많이 구애를 하더라고요. 계속
만나자고(웃음).
범선 처음 만난 한 달 동안 지지가 우리 집에 오거나 제가
잠실에 가거나 하니 왔다갔다 하는 시간이 너무 많이 드는
거예요. 제가 실무 추진력이 빠른 편이라서, 그냥 이럴
바에는 같이 살아야겠다 싶었죠.
지지 저도 마침 집을 구하던 참이라 타이밍이 좋았죠.

**각각의 성향이나 성격이 뚜렷한 이들이 한 지붕 아래
모였다 보니 함께 발 맞춰 살아가기 위해 이런저런 과정을
겪었을 듯 한데요. 《비혼이고요 비건입니다》 내용 중 생활
속 자잘한 패턴이 달라 겪게 된 고초들이 적혀있더라고요.
책 나온지 1년이 다 됐는데 요즘은 어떤 것을 맞춰나가고
있나요?**

범선 지금은 많이 안정이 되었는데, 첫 1년은 진짜 많이
싸웠어요.
지지 저희는 항상 청소와 강아지 '왕손이' 돌봄 문제가
화두예요. 왕손이가 지금 열네 살인데요, 같이 산 지는
1년 3개월 됐어요. 무지했던 범선이가 예전에 데려와서
방치해 둔 자식이나 다름 없는데 범선이네 어머님께서
오랫동안 돌봐주고 계시다가 다시 데려가는 게 어떻겠냐고

하셨거든요. 그래서 저희랑 같이 지내고 있어요.
애 딸린 남자가 자기 자식 데려와서 제가 키워주고 있는
셈이에요(웃음). 웃긴 건 왕손이는 저희가 조금이라도
언성이 높아지거나 싸우는 기미가 보이면 '하지 말라'며
짖어요. 예전에 둘이 살 때는 많이 티격태격했는데, 이젠
화가 나더라도 왕손이의 얼굴을 보면 사르르 녹아요.
범선 저는 화법과 관계에서의 존중을 부탁을 하는 편이죠.
서로의 단점을 너무 잘 알고 있어요. 그럼에도 우리 안엔
사랑이 존재하니까 서로 이해하면서 지내고 있어요.
저 사람이 평생을 저렇게 살아왔는데, 어쩌겠어요.
그럼에도 조금씩 바꿔나가는 모습이 보여서 그걸 마주할
때 좋아요.

**왕손이는 지지 씨와 범선 씨 따라 비건의 길을 걷고있는
비견이기도 해요.**

범선 맞아요. 그런데 비건이라고 하기에는 좀 어폐가 있지
않나 싶기도 해요. 왕손이가 스스로 선택한 게 아니라
강요당하고 있는 거기도 하니까요.
지지 그래도 강아지들 중에 야채를 잘 안 먹는 친구들이
있는데, 왕손이는 가리지 않고 잘 먹어서 기특해요.
건강하게 먹으니 확실히 피부병 같은게 좀 줄었죠.

**《비혼이고요 비건입니다》는 비건으로서 잘 먹고 잘 사는
일에 관한 이야기를 담은 책이죠. 지지 씨는 건강상의
이유로 비건을 시작하게 되셨다고요.**

지지 예전에 극심한 우울증을 겪었는데요. 당시에 약을
많이 먹다보니 식욕이 떨어져서 밥을 잘 안 먹던 시기가
있었어요. 그때 건강이 급속도로 안 좋아지면서 온갖 병을
다 앓았어요. 특히 한포진이 진짜 괴로웠거든요. 병원부터
한의원까지 다 다녀봤는데, 모두 고기를 줄이라고
하더라고요. 그래서 힘들었지만 절박한 마음으로 고기를
끊어봤는데 눈에 띄게 좋아지더라고요. 단계를 밟으면서
서서히 채식을 하기로 마음먹고선 관련 서적들을 많이
읽었어요. 그때 '동물권'이란 개념을 처음 알게 되었죠.
그런 과정을 겪으며 비건으로 거듭났어요.

**벼랑 끝에서 나를 살리기 위해 가장 최선의 선택을
한 거네요. 건강해진 이야기가 책 속에 간증글처럼
나와있는데요. 그 대목을 읽으면서 '진짜 이게
된다고?'하면서 놀랐어요.**

지지 전 특히 장 건강에 많은 효과를 봤거든요. 채식
이전에는 변비와 장염의 무한 굴레에 갇혀서 살았어요.
정상적인 배변 활동을 한 게 손에 꼽을 정도인데요, 채식을
시작하고선 바로! (엄지를 치켜든다.)
범선 원래 장이 면역력이며 피로랑도 다 연관되어 있잖아요.

좀 솔깃해지는데요. 반면에 범선 씨는 피터 싱어 Peter
Singer**의 《동물 해방》을 읽고 분한 기분을 느끼셨다고
들었어요. 고기를 좋아하는 사람으로서 오류를 찾아보려
했지만, 반박할 여지가 없었다고요.**
범선 20대 초·중반엔 철학사 공부하면서 제 나름의
세계관이랑 신념을 찾아 나가는 시기였어요. 그런
마음으로 영국 철학 전통을 공부하고자 피터 싱어의
저서를 탐독했는데, 기분 나쁜 이야기들을 막 하더라고요.
전 그때까지만 해도 아침에도 삼겹살을 먹고, 횡성 한우를
사랑했고, 춘천 닭갈비를 소울 푸드로 섬기고 있었거든요.
그런데 피터 싱어는 "인간의 고통만 고려하고,
비인간동물의 고통을 고려하지 않으면 종차별주의자다."
이렇게 이야기를 하는거죠. 그게 너무 짜증 나는
거예요. 당시 미국에 살면서 인종 차별을 경험했거든요.
한국에서는 제가 주류가 아니었던 적이 없었는데,
미국에서 처음 소수자의 기분을 느꼈어요. 그런데다 백인
할아버지가 그렇게 말하니 은근히 불쾌했어요.

그럼 이를 받아들이게 된 건 언제쯤이에요?
범선 사실 본격적으로 받아들이게 된 건 《우리는 왜
개는 사랑하고 돼지는 먹고 소는 신을까》의 저자
멜라니 조이Melanie Joy가 한 강연을 듣고 나서 였어요.
'육식주의'라는 말을 처음으로 만든 사람인데 제가

심적으로 갈등을 겪고 있던 시기에 학교로 와서 강의를
진행했어요. 저는 한국에선 개도 먹고, 돼지도 먹고,
소도 먹는다라고 이야기하려고 갔죠. 왜냐하면 생전
저희 아버지께서 개고기를 드셨거든요. 그런데 그
강연에서 공장식 축산 영상을 보자마자 바로 할 말이
없어지더라고요. 모든 것이 다 잘못되었다는 생각에
억지로 끊었어요.

**비건으로 정착하기까지 이런저런 우여곡절을
겪었겠어요.**
범선 당시에는 통각 신경의 유무를 고려하며 먹었거든요.
그때까지만 해도 갑각류와 조개류가 고통을 느끼는 지에
대해 과학자들이 여러 의견을 내고 있을 즈음이었어요.
저는 생선까진 안 먹고 무척추동물과 치즈, 우유, 달걀은
섭취했어요. 그때만 해도 먹는 낙이 없었어요. 처음에는
금연하듯이 소고기를 끊자마자 돼지고기를 미친듯이
먹고, 돼지고기를 끊고 나선 닭고기를 엄청나게 먹었어요.
동물권 시선으로 보면 조삼모사나 다름없지만 그렇게 하지
않으면 못할 것 같았어요. 1년 거쳐서 고기들을 겨우겨우
끊은 후엔 달걀이랑 우유, 치즈를 엄청 많이 먹었거든요.
그땐 건강상의 이득을 별로 못 얻었는데, 비건이 되니
체질이 바뀌더라고요. 몸이 깨끗해지는 느낌이 들었어요.

비건이신 분들은 어느날 갑자기 거짓말처럼 고기를
끊었을 거 같은 환상이 있긴 해요.
범선 담배 끊는 거랑 똑같아요. 그런데 조금 더 유혹이
많죠. 무엇보다 담배는 주변 사람들이 권진 않잖아요.
동물성 음식은 모든 인간관계와 결부가 되거든요.
지지 맞아요. 식사 한 번 하기가 힘들죠. 예전에는 친구들
만나도 외식을 못하니까 힘들었어요. 대부분 식탁에서
대화가 이루어지니까요.
범선 미국에선 각자 시켜서 알아서 먹으니까 괜찮았는데,
한국은 다같이 먹는 문화가 있잖아요.
지지 저는 먹는 게 힘들어서 휴학했을 정도였어요.

지금은 비건 식당이 엄청 많아졌어요. 물론 동네마다
한정되어 있긴 하지만요.
범선 저희가 이 동네에 사는 것도 그 이유 때문이에요.
주변에 비건 식당이 많거든요. 저희가 제일 자주
가는 식당이 3분 거리에 있어요. 모든 음식에 두부가
들어가는데 진짜 맛있어요. 채식을 하면 두부, 버섯,
가지로 모든 걸 다 해먹을 수 있거든요.

책 읽다가 버섯에 관심이 많아졌어요. 육류를 대체하는
식재료인지 처음 알았거든요.
범선 종류도 엄청 많아요. 맛도 다르고요. 무궁무진한
재료죠.
지지 친구 아버지가 유기농으로 표고 버섯을 키우시는데
그게 진짜 너무 맛있어요.

반면 우유에 관한 진실을 알게 되곤 굉장히
충격이었는데요. 공교롭게도 책을 읽으며 우유를 마시고
있었는데, 그 대목을 읽고 나니 먹기 싫어지더라고요.
범선 한국만 해도 우유를 마신 역사가 130년이 채 안돼요.
선교사들이 처음으로 우유를 가지고 오기 전까지는
아주 귀해서 왕이 보양식으로나 먹을 수 있을 정도였죠.
물론 한국에도 소가 있었지만, 그들의 젖을 사람이 먹을
생각 조차 하지 않았던 거예요. 그건 송아지 거잖아요.
무엇보다도 동아시아인은 유당을 분해할 수 있는 유전자가
없고, 중동이나 유럽처럼 농사가 잘 안되는 지역에서
5천년 전쯤 분해하는 유전자가 생겨나기 시작한 거예요.
거기는 소와 관련된 것을 먹는 게 기본이었으니까요.

와, 처음 알았어요.
범선 우리는 어릴 때부터 우유 급식을 강제로 해왔잖아요.
우리 세대에겐 성장을 위해 우유를 먹는 게 당연했어요.
조금만 떨어져서 생각해 보면 정말 이상한 거죠. 사람은
조금만 커도 엄마 젖을 떼는데, 소의 젖을 먹는다뇨. 소가

보통 사람보다 세 배는 더 빨리 자라거든요. 소젖에는
성장을 유도하는 인자들이 세 배 더 들어 있는 셈인데,
그걸 청소년과 성인이 주기적으로 먹으면 당연히 심혈관
질환이랑 성인병의 원인이 될 수 밖에 없겠죠.

어렴풋하게만 알고 있던 축산업 과정을 알게 되니
끔찍하더라고요. 채식주의자에는 다양한 유형이 있죠.
흔히 어떤 것은 먹고 먹지 않느냐에 따라 단계별로 구분을
한다고 들었는데요. 두 분은 아예 이 용어를 사용하지 않고
'비건 지향'이라는 말을 쓴다고 들었어요.
범선 비거니즘을 단순하게 어떤 식습관이나 음식에 관한
취향이라고 생각하면 세세하게 분류해놓는 게 도움이
될 수도 있겠죠. 그렇지만 저희에겐 비거니즘이란 말이
페미니즘처럼 정치적인 이데올로기나 마찬가지거든요.
동물의 권리를 위해서 우리가 어떻게 삶의 방식을 바꾸고,
어떤 사회의 변화를 일으킬지를 이야기하는 건데요.
대부분의 사람들이 비건이라고 이야기를 하면
"너 완벽해?"라는 이야기부터 시작해요. 이걸 종교로
비유해 보자면, 기독교를 믿는다고 했을 때 "너 그러면
성경에 적힌 대로 살고 있어?" 하고 잣대를 들이대는
사람은 없잖아요. 그런데 비거니즘은 순결성을
요구하는 사람들이 많다 보니, 밝히지 않는 사람들도
많더라고요.

'오히려 누군가에게는 차근차근 접근 할 수 있게끔
가이드가 되어주겠다.'싶었는데 이로 인해 다른 위계가
작동할 수도 있는 거군요.
범선 맞아요. 흔히 채식주의 단계를 피라미드로
표현하는데요. 비건이 맨 위에 있고 그 아래에 채소와
유제품 혹은 달걀만 먹는 락토 오보, 생선까지 먹는 페스코
순으로 내려오죠. 도살장에 끌려가는 소, 돼지, 닭은
우리가 비건인지, 락토 오보인지 아무 상관도 없어요.
그냥 먹지 않는게 중요한거죠. 비거니즘의 핵심은 우리가
사회적으로 가하는 고통과 죽임의 총량을 줄이는 거예요.
그래서 최대한 많은 사람들이 비건을 지향했으면 해요.

어떤 언어로 구분짓게 되는 순간 자연스레 안과 밖이
생기는 것 같아요. 그걸 기점으로 차이를 논하려는
사람들도 생기고요.
범선 언어라는 게 되게 미묘해요. 어떻게 쓰느냐에
따라서 의미가 달라져요. 그래서 동물해방물결에선 채식
캠페인이라 하지 않고 탈육식이라고 불러요. 물론 개인은
채식을 실천하겠지만, 궁극적으로 우리가 가야하는 방향은
탈육식인 거죠.

그렇게 들으니 또 다르게 다가오네요. 사실 솔직하게 고백하면 인터뷰 질문을 쓰며 어렵다고 생각했어요. 왜 이렇게 어려운 걸까 고민했는데 쉽사리 입을 떼기엔 이 분야에 대해 너무 무지하더라고요. 근데 또 정치적으로 옳은 이야기만 해야 할 것 같고, 질문지를 작성하는 와중에 자꾸만 불편한 진실을 마주해야 하니 곤욕이었어요.
범선 저도 《동물 해방》을 처음 읽고 그런 지점에서 불편했던 것 같아요. 배알이 꼴렸어요. 내가 아무렇지 않게 행하던 일들이 실은 다 잘못된 거라고 지적을 당한 거니까요. 사실 내가 하는 일이나 무엇을 입는지에 대해 뭐라고 하는 거면 받아들일 수도 있었을 거 같은데 먹는 걸 공격하니까 묘한거예요. 명절에도 정치 이야기보단 먹는 이야기를 꺼내는 일이 분위기를 더 싸해지게 만들 수 있거든요. 저는 가족들이랑 진짜 많이 싸웠어요. 명절 상을 정성 들여 차렸는데, 안 먹고 있으면 어른들께서 얘기하세요. "왜 안 먹니?" 그때 제가 자본주의 강요하는 밥상에 대해 논하기 시작하면… 정말 큰일 나거든요.

예전에 범선 씨가 한 예능에 나와서 논비건인 멤버분들께 한달 간 채식을 해보자고 설득하는 클립을 봤던게 생각나요. 논비건과 비건의 언쟁 장면들이 적나라하게 나왔죠. "김치찌개에 꼭 돼지고기가 들어가야 해?" "안 넣으면 그 맛이 안 나잖아."(웃음) 두 분이 비건으로

살아오면서 듣고 겪었을 이야기들을 압축해서 본 기분이었달까요? 가장 기억에 남는 이야기가 있어요?
범선 상상하는 것과 비슷해요. 개고기 먹으면 정력에 좋다는 이야기랑….
지지 식물은 안 불쌍해(폭소)?
범선 아까 말씀드린 멜라니 조이가 육식을 하는 사람들이 그걸 정당화하는 심리학적 기제들을 네 가지로 이야기를 했는데요. 첫째가 'Necessary'예요. 영양학적으로 필요하다는 거죠. 실제로 어릴 때부터 비건 집안에서 자란 아이들도 있는데, 그 부모들을 아동학대로 신고한 사례가 접수되기도 했어요. 그만큼 육식주의는 신화인거죠. 가장 중요한 항목이 'Nice'인데요. "고기 먹으면 좋잖아! 정겹고, 삼겹살과 소주를 통해 오가는 우정." 그런 문화적인 분위기는 반박할 수가 없어요. 그렇지만 인간에게 고기가 필요하다는 이야기를 들으면 답답하죠.

아는 맛을 끊기가 정말 어렵지 않을까 했는데, 책에 이런 문장이 적혀 있더라고요. "부패한 미각이 기억하는 고기 맛은 곧 양념 맛이기에." 이 부분을 읽고 머리가 띵했어요. 이렇게 생각하니 고기 하나쯤 안 들어가도 무방할 것 같더라고요.
지지 거의 튀김이나 양념 맛이죠.
범선 요즘은 대체육도 잘 나와 있어요. 웬만한 맛은

다 재현이 되고 아마 곧 배양육도 나오게 될 거예요. 농장에서 돼지고기를 만들려면 6개월이 걸리는데 실험실에선 6일이면 나와요. 이스라엘에선 이미 상용화가 되었고, 한국에서도 배양식 업계가 많이 움직이고 있어요. 놀라울 정도로 빠른 속도로요. 저는 5년 전부터 그 소식을 들어왔는데 지금 거의 다 완성되었어요. 3D 프린터로 고기를 만드는 시대가 왔어요. 근데 굳이 그렇게까지 먹고 싶어 할까 싶기도 하고요. 어쨌든 고기를 좋아하는 사람들도 고기가 좋은 거지, 동물을 죽이는 게 좋아서 먹는 건 아니잖아요. 동물을 가둬놓고 고기를 만들 필요가 없어진 시대가 된 거예요.

그러게요. 이왕이면 빨리 상용화되면 좋겠어요. 지금도 많은 동물들이 죽어가고 있으니까요. 아까 여행 이야기 할 때 소 구출 얘기를 잠깐 했는데, 자세히 듣고 싶어요.
범선 그 소들은 인천에 있는 불법 목장에서 기르던 친구들이었어요. 거기는 개를 250명 정도 기르고 있었는데, 불법으로 점유한 시설이다 보니 인천시에서 행정처분으로 철거를 할 예정이었어요. 개들은 입양을 할 수 있으니 다른 시민 단체가 구조를 했어요. 근데 알고보니 농장주가 소도 열다섯 명을 키우고 있던 거예요. 우리가 흔히 젖소라고 부르는 홀스타인종이었죠. 연초쯤 동물해방물결 활동가들이 그 친구들을 만났고, 구조를 해야겠다 싶어서 모금 운동을 진행했어요. 무려 2천 분께서 지원을 해주셨는데도 다 구하진 못하고 여섯 명만 구했죠. 다만 소들은 개처럼 해외로 입양을 보낼 수도 없으니 '생크추어리Sanctuary'가 필요한데, 한국에는 그런 시스템이 마땅치 않았어요.

'생크추어리'요?
범선 보금자리인 셈인데, 해외에서는 생크추어리가 전 세계에 200곳이 넘거든요. 그런데 한국에는 그런 공간이 마땅치 않았어요. 전국을 수소문해서 강원도 인제군에 계시는 생명운동을 오래 하시던 어르신의 도움으로 어느 한우 목장에 임시 보호를 할 수 있었어요. 소를 팔아서 돈을 버시는 분인데도, 저희 뜻이 갸륵하니까 한우들 옆에 구조한 소들을 위해 한 칸을 내어주셨죠.

구조한 소와 팔릴 소가 함께 지냈다니…. 되게 기묘한 광경이네요.
범선 처음 뵈었을 때도, 그분들께서 적을 만나러 온 게 아니냐고 말씀하셨어요. 그런데 저흰 소를 길러본 적이 없고 그분들은 전문가시니까요. 그리고 생계를 위해 일을 하시는 거고요. 어쨌든 좋은 인연이 되어서 1년 동안 임시 보호를 했고요. 인제군청 측에도 설득을 해서

인구가 소멸되고 있는 마을의 폐교에 30년 무상 임대를 부탁 드렸어요. 대신 청년들을 이주시켜서 마을을 제 2의 고향처럼 여기게끔 관계 인구를 만들겠다고 약속 드렸죠. 저도 그곳에 주소 이전을 해두었어요. 그래서 인제군 남면 신월리 주민인데요. 사람보다 소가 많은 마을이죠. 한우 농장 하시던 분들께서 소를 개처럼 돌보겠다는 청년들이 나타나니 얼마나 황당했겠어요. 초반 환경을 조성하는 데 많은 도움을 주셨죠.

구조된 친구들은 건강히 잘 지내고 있어요?
범선 사실 이송 과정에서 미나리라는 친구를 보내야만 했어요. 소들은 트럭에 타면 뜨거워져서 수송열 주사를 맞아야 하거든요. 그때 그 친구가 넘어진거죠. 그런데 스스로 못 일어나더라고요.

못 일어난다고요?
범선 저도 처음 알았는데요. 농장 소들은 고기 생산력을 높이려고 사료를 방대하게 먹이다 보니, 자기 몸을 감당할 수 없을 정도로 살이 찐대요. 그러다 보니 뼈도 엄청나게 약하죠. 그러다 보니 넘어졌을 때 일으켜 세우는 도구가 따로 있더라고요.

소를 일으켜 세우는 도구가 있다니, 전혀 몰랐어요.
범선 저희도 처음 알게 된거예요. 저희가 구조한 소들이 세 살인데 1톤이었거든요. 1톤을 들려고 하면 크레인과 비슷한 도구가 와야 하는데, 그게 없는거죠. 무엇보다 대동물을 치료해 줄 전문 수의사도 없고요. 겨우 수소문해서 서울대병원 수의학과에서 와서 진찰을 해주셨는데, 넘어지면서 손쓸 수 없이 다친 거예요. 동물해방물결 활동가들이 극진히 보살폈지만 결국 떠났어요. 다섯 명은 잘 지내고 있어요. 그 보금자리를 곧 대중에게 공개를 하려고 해요. 생명평화 교육의 장이 되었으면 해요. 그곳에서 소와 축제를 벌이게 된다면 정말 좋을 것 같아요.

그런 구체적인 장면을 보아야 알게 되고 애정이 샘솟는데 소가 어떤 표정을 짓고 어떤 언어를 쓰는지 모르니까 무자비하게 대하는 것 같기도 해요.
지지 소 눈망울을 보고나서 마트에 가 소고기와 소젖을 보면 느낌이 정말 이상해요. 소들은 거대한 왕손이 같거든요. 착하고 너무 귀여워요.
범선 보고 있으면 경외심도 들고요. 저흰 겨우 다섯 명을 살린 것이지만 그래도 이를 시작으로 잃어버린 연결성을 회복하는 자리가 되었으면 해요.

좀 뜬금 없는 질문 일 것 같은데, 혹시 평생 한 가지만 먹고 살 수 있다면 무엇을 택할 건가요?

범선 하나만요? 아 어렵다. 저는 들기름 막국수랑 비빔 막국수랑 왔다갔다 할 수 있게 해주시면 막국수를 택할래요.

지지 저 골랐어요. 저는 샐러드나 비빔밥. 그런데 맨날 밥만 먹으면 질릴 것 같기도 해요.

범선 아 저 바꿀래요. 도토리 임자탕.

도토리 임자탕이 뭐예요?

범선 도토리로 만든 들깨 수제비라고 보면 돼요. 진짜 맛있어요. 드셔보세요.

지지 매번 먹기에는 질리지 않을까?

범선 뭔가 따듯한 걸 먹는 게 더 좋을 거 같아요.

지지 그럼 저는 샐러드로 할래요. 종류가 다양해서 골라먹는 재미가 있을 거 같아요.

치열한 고민 끝에 두 가지로 결정되었네요. 두 분은 예술하는 자아와 운동하는 자아를 함께 지니고 있죠. 대한민국에서 예술가로서, 운동가로서 산다는 것은 어떤 의미인가요?

지지 먹고살기 쉽지 않죠.

범선 그래도 저는 단군 이래로 한국에서 예술과 운동을 하기에 가장 좋은 시기라고 생각해요. 세계적인 저변이 넓어진 만큼 문화적인 힘이 상당해졌잖아요. 그만큼 정치적인 역동성도 커진 상태라 그 흐름 안에 있다는 것이 재미있어요. 저는 대학원을 졸업하고 외국에서 살지 한국에서 살지 고민했는데, 앞으로 한국이 조금 재미있어 질 것 같았어요. 세계사의 중심이 될 거 같아서 한국에서 살기로 결심했죠. 실제로 그런 일들이 벌어지고 있어서 즐거워요.

주변에 번아웃이 온 비건이나 중도 포기하신 분들도 있다고 들었어요. 지치지 않고 오랫동안 비건으로 살아가기 위해선 어떤 마음가짐으로 임해야 할까요.

지지 자기 자신을 검열하지 않는게 제일 중요해요. 스스로 옥죄다 보면 금방 지쳐요. 내가 즐겁지 않으면 하는 의미가 없으니, 즐길 수 있는 선에서 노력하는 걸 권장하고 싶어요.

범선 아까 말씀드린 비건 지향과도 같은 맥락인데요. 저희는 비거니즘을 채식이 아닌 살림이라고 말해요. 내가 비건이 되는 것이 중요한 게 아니라 생명을 살리는 게 중요한 거니까요.

살림은 참, 마음의 거리를 좁히는 단어같아요. 지지 씨가 "비거니즘을 실천한 뒤로 얼마나 건강해지고

자유로워졌는지, 얼마나 즐겁고 재미있는지 설파하려고 노력"한다고 하셨어요. 두 분의 일상은 너무나도 사랑이 가득해 보여서, 역시 일상적인 차원에서 접근해야 하는 구나 싶어요.

범선 많은 사람들이 비건이 되었을 때 자신을 탓하거나, 주변에 만연한 폭력에 분노를 하다보니 혐오의 에너지가 커질 때가 있어요. 그렇지만 비거니즘은 사랑하기 위해 하는 일이에요. 살리기 위해 하는 일이고요. 그러니 나부터 사랑하고 잘 살리는 것이 제일 중요하죠.

그렇네요. 각자의 자리에서 열심히 일을 하고, 다시 집으로 돌아와서 얼굴 마주보며 함께 밥 한끼를 먹는 삶이라니, 얼마나 근사한지 몰라요. 그때 여러분들의 식탁 위엔 어떤 음식이 차려져 있기를 바라나요?

범선 도토리 임자탕이요(웃음).

지지 저는 구첩반상이요.

범선 씨가 차려줄 건가요?

지지 해줄 거야?

범선 해줘야죠. 그럼 저도 바꿀래요. 이건 수지 타산이 안 맞는 거 같은데.

(웃음) 그럼 그렇게 하는 걸로 서로 약속하고 끝낼까요?

인터뷰를 마친 후 사진을 찍는 내내 범선과 지지는 간단하게 끼니를 때우기에 적당한 메뉴를 두고 고심했다. 이윽고, 메뉴가 정해졌는지 신이 난 걸음으로 부엌으로 향한다. "무엇을 만들려고요?", "들기름 막국수요." 범선이 면을 익히는 동안 지지는 양념을 만든다. 왕손이는 그 둘 곁을 오가고 다리를 긁어대며 참견을 더한다. 젓가락 행진곡을 치듯, 발 맞춰 완성된 막국수가 식탁 위로 등장하자 고소하고도 달큰한 향이 코끝을 간질인다. "한입 드셔보시면 알 거예요. 저희 둘이 왜 그렇게 좋아하는지요." 한 젓가락 집어 후루룩, 들이켜자마자 감칠맛이 입 안에서 감돈다. 단번에 이 맛이 그들의 사랑과 닮았음을 깨닫고야 만다. 셋 사이를 돌고 돈 사랑은 식탁 위를 거닐다 동심원을 그리며 퍼진다. 그렇게 흐르고 흐른다.

23 F/W
부자재 Sample

흔적 없이 흔적을 남기는 사랑

양윤아―비건타이거

에디터 이주연

포토그래퍼 최모레

어느 날엔 옷을 다 벗고 싶었다. 동물을 괴롭히지 않고 탄생하는 옷이 몇 없다는 말을 들은 날이었다. 처음엔 체온을 지키기 위해, 그다음엔 품위를 위해 인류는 옷을 입었다. 입다 보니 너무 당연해져서 이제는 생명이 희생된 옷을 아무렇지 않게 매일 입는다. 무고한 고통과 죽음을 차마 벗지 못한 채 산책을 나선 어느 날, 호랑이를 한 마리 만났다. 채식하는 호랑이 '비건타이거'란다. 동물을 해치지 않고 옷을 만들고 있다기에 이야기가 궁금해 호랑이를 따라 나섰다. 화려하고 멋진 옷을 입은 호랑이의 뒤태가 사뭇 근사하다.

VE8AN TI8ER

"비건타이거는 모피 동물의 고통을 종식시키고 소비자들에게 좀더 넓은
선택권을 주고자 'CRUELTY FREE'라는 슬로건으로 만든, 잔혹함이 없는
국내 최초의 비건 패션 브랜드예요. 모피뿐만 아니라 생명을 착취하여 생산된
소재는 사용하지 않죠. 비건타이거는 이를 대체할 수 있는 지속가능한 소재를
직조하고 선정하여 디자인하며, 책임감 있는 패션과 라이프 스타일을 제안하고
있어요."

BORN TO BE WILD—코끼리

동물관광산업으로 착취당하는 동물에 관한 경각심을 뿌리에 두고 진행한 시리즈예요. 코끼리
트래킹, 코끼리 쇼, 호랑이와 사진 찍기, 돌고래 쇼 등의 이야기로 구성했죠. 이 로브는
코끼리를 모티프로 텐셀 모달을 사용해 디자인했어요.

양윤아—비건타이거

BORN TO BE WILD—호랑이
리사이클 폴리에스터로 제작한 타이거 프린트
셔츠예요. 앞 여밈 진주 단추도 비건으로 제작했죠.

모피 농장의 유령들
모피로 만들어지기 위해 착취 당한 동물을 모티프로
유령 패턴 제작해 시리즈를 구성했어요. 리사이클
폴리에스터와 식물성 폴리에스터로 만든 원피스예요.
식물성 폴리에스터는 석유 대신 콩기름을 사용해서
제작했죠.

가장 먼저 이 질문을 해보고 싶었어요. 사랑이 뭐라고 생각하세요?

제가 행복해지는 거요. 상대를 사랑하며 행복을 느끼고, 그런 제 모습을 또다시 사랑하게 되는 거라고 생각해요. 옛날에는 사랑이 상대를 위하는 건 줄 알았어요. 그런데, 진짜 사랑을 하게 되면 사랑에 빠진 기분과 내 주변의 모든 걸 사랑하게 돼요. 기분이 충만해지죠. 진정으로 사랑하지 않으면 그런 충만함은 느낄 수 없어요.

국내에서는 최초로 비건 패션 브랜드 '비건타이거VEGAN TIGER'를 론칭하셨지요. 저는 그 뿌리가 사랑이었다고 생각해요. 오늘 천천히 사랑에 관해 이야기 나눠보고 싶어요. 우선 근황부터, 요즘 굉장히 바쁘시다고요.

바쁜 와중에도 최고로 바쁜 시즌이에요. 보통 때는 디자인 라인을 점검하고, 샘플실이나 시장에 다니느라 바쁜데요. 지금은 패션쇼 준비 기간이어서 눈코 뜰 새도 없어요. 모델 선정, 스타일링 점검, 전체적인 착장 확인…. 요즘은 피팅 들어가는 시즌이라 모델과 만나서 어떤 옷이 어울릴지 미팅하고 확인하는 시간을 보내고 있어요. 동시에 초대장과 홍보도 준비하고 있고요. 하루 24시간이 부족하죠.

식사는 잘 챙겨 드세요?

아침은 굶고, 점심을 4시에 먹을 때도 있고…. 그래도 사무실이 있는 장충동은 비건 식당이 꽤 있어서 바쁘면 배달로라도 시켜 먹고 있어요. 오늘은 집에서 김치찌개 먹고 나왔어요(웃음).

돌발 질문 하나 해볼게요. 지금 윤아 씨가 중요하게 생각하는 가치 세 가지는 무엇인가요?

언젠가부터 가치를 사업적으로만 생각하게 돼서 저한테 중요한 게 뭔지 생각해 보려니까 기분이 묘해요. 첫째는 생명, 둘째는 꾸준한 실천, 셋째는 사명이에요. 저는 어쨌든 비건 패션 브랜드로서 사명을 가지고 있다고 생각하거든요. 그 사명이라는 건 성공이라고도 말해볼 수 있겠네요.

국내에서는 최초로 생긴 비건 패션 브랜드예요. 2020년 대통령상 수상, 2021년 포브스 2030 파워리더 선정, 뉴욕 패션 위크 참여…. 이미 탄탄한 성공 궤도를 그리고 있는 것 같은데요. 브랜드의 출발이 반려묘 '앙꼬'라고 알고 있어요.

친한 친구와 함께 사는 고양이를 보면서 막연하게 키우고 싶다고 생각하던 때가 있었어요. 희망사항 같은 거였는데, 그즈음 또 다른 친구를 통해 입양 절차가 있다는 걸 알게 됐고 기회가 닿아 고양이를 입양했어요. 그렇게 만나게 된 고양이가 바로 앙꼬죠. 이 작은 고양이가 지닌 온기가 제 인생을 완전히 바꿨어요. 앙꼬를 만나자마자 너무 사랑해 버렸거든요. 너무 사랑한 나머지, 같이 살게 된 초반에는 악몽도 참 많이 꿨어요. 앙꼬를 잃어버리는 꿈, 아픈 꿈, 죽는 꿈…. 앙꼬를 만나기 전까지는 저한테 가장 중요한 건 저였어요. 나 자신을 소중하게 여기기에도 아까운 시간에 다른 생명에게 시간을 쏟는 사람들을 이해하지 못했죠. 근데 앙꼬를 만난 후로는 생각이 완전히 바뀌었어요. 내가 행복한 만큼 동물도 행복했으면 좋겠다고 생각하게 됐죠. '내가 이렇게 앙꼬 덕분에 행복한데 우리 앙꼬도 행복할까?' 그런 생각에서 출발한 마음이었어요.

조심스럽지만… 앙꼬가 지금은 곁에 없다고 들었어요.

3년 전에 급성 심장병이 왔는데, 입원한 지 사흘 만에 떠났어요. 엄청난 슬픔이었죠. 1년 내내 운 것 같아요. 낮에는 일해야 하니까 정신 차리고 있다가도 직원들과 헤어지면 차에 앉자마자 울고…. '사람이 이렇게 많이 울 수가 있구나.' 싶었어요. 죽어서 앙꼬를 만난다는 보장만 있으면 죽고 싶다고 생각했어요. 그만큼 힘들었지만, 앙꼬가 죽던 마지막 날로 돌아가겠냐 묻는다면 그러고 싶어요. 어떻게든 살아 움직이는 앙꼬를 보고 싶어서요. 앙꼬는 제 삶의 터닝 포인트에요. 지금의 저로 만들어 주었거든요. 그 이전의 저는 육식도 정말 많이 했고 멋 내는 걸 워낙 좋아해서 모피도 많이 입고, 희귀한 가죽 제품이 나오면 사 입던 사람이었어요.

앙꼬를 향한 사랑이 진로도 바꿨지요. 패션 디자이너를 그만두고 동물보호단체에 들어가셨다고요.

저는 기분이나 감정을 적극적으로 표현하는 사람이에요. 좋든 싫든 제 상태를 표현하는 데 거침이 없어요. 어릴 때부터 작은 불의만 봐도 바로 지적하고, 정정하고, 따지곤 했어요. 이전엔 그 주체가 저였다면, 앙꼬를 알게 된 이후로는 동물이 됐고요. 동물 방임, 학대…. 미디어에서는 이런 이야기가 제대로 보도되지 않으니까 SNS에서 접하게 됐는데요. 주변에서 동물 학대가 너무 많이 일어나고 있더라고요. 특히 2010년 구제역 사태가 결정적이었죠. 가축이 390만 마리나 살처분됐어요. 너무 안타깝고 슬펐어요. 우리 인간은 억울한 일이 생기면 광장에서 촛불이라도 들고, 탄원서라도 쓰고, 안 되더라도 어떻게든 표현을 할 수 있는데요. 동물은 인간이 대변해 주지 않으면 아무것도 할 수가 없어요. 좁고 더러운 케이지에서 태어나 쥐도 새도 모르게 죽어도 아무도 모르는 거죠. 그때 생각했어요. '아, 내가 대신 싸워주고 싶다.' 그런 생각을 하던 중, 동물보호단체에서 동물 학대 담당자로 구인 공고가 난 거예요. 큰 고민 없이 지원했어요. 제 적성에 너무 잘 맞았어요. 매일 비슷한 전화가 엄청나게 걸려오는데 한 번도 스트레스를 받은 적이 없거든요.

어떤 전화가 와요?
동물 학대 신고 전화, 개장수를 만났다는 전화, 구조 요청 전화…. 동물을 위해 일한다는 것만으로도 행복해서 모든 연락에 정성껏 임했어요. 제가 지키고자 하는 생명이 고통받는다는 제보는 화나고 슬펐지만, 그걸 없애는 일을 하고 있다는 데서 사명을 느꼈죠. 동물보호단체에서 일하면서 또 한 번 삶이 변했어요. 그때까지만 해도 동물을 사랑하는 마음만 컸지 실천하는 건 크게 없었거든요. 채식 생활도 동물보호단체에 있으면서 시작됐어요. 근무 시간엔 채식하는 게 단체의 원칙이었거든요. 밥해 주시는 분이 계셔서 어렵지 않게 맛있는 채식을 이어갈 수 있었어요.

불편한 실상을 접하는 게 힘들지 않았어요?
힘들지만 알아야 한다고, 제가 나서야 한다고 생각했어요. 정말 많은 걸 알게 됐죠. 반려동물 학대뿐만 아니라 축산업, 패션 산업… 다양한 업계에서 동물을 해하는 활동이 비일비재하게 일어나고 있었어요. 인간이 편하고 즐겁게 생활하기 위해 어떤 생명은 계속 착취당하고 있었던 거죠. 아무래도 저는 패션 업계에 있던 사람이니까 패션 산업 기반으로 자료 조사를 많이 하게 되었는데요. 막연하게 모피 문제만 인식하고 있었는데, 제가 아는 것 이상으로 착취가 너무 많더라고요. 그간 생각 없이 소비한 것들이 얼마나 많은 착취를 낳은 건지 생각하고 반성하게 됐어요. 해결 방안이 있으면 좋겠다고 생각했죠.

털이나 가죽을 사용한 겨울 의류만 조심해 왔는데, 또 어떤… 착취가 있나요?
일례로 양털이 있죠. 처음에는 저도 양털은 깎는 거니까 괜찮다고 생각했어요. 근데요, 양털을 깎을 때 반려동물 털 깎듯 어르고 달래면서 찬찬히 깎는 게 아니거든요. 산업화되어 있는 일이니까 노동자가 채취한 만큼 일당을 받는다고 해요. 그러다 보니 과정이 굉장히 폭력적이죠. 무턱대고 양털을 얻으려고 양한테 폭력을 행사하는 일도 빈번하고, 그러다 골절이나 상처가 나는 일도 많아요. 쭈글쭈글한 털은 깎기 어려우니까 살점까지 깎아내는 일도 있고요. 그렇게 몇 번을 채취하고 가치가 없어지면 양들을 배를 태워 보내요. 한 달 동안 커다란 컨테이너로 이송되는 양의 마릿수만 해도 어마어마하죠.

그 양들은 어떻게… 돼요?
양고기로 소비돼요. 이미 양모 채취 과정에 존재하는 사이클이죠. 그런 걸 하나하나 알아가면서 착취 없는 옷은 없다는 걸 알게 됐어요.

정말 없는 건가요?
윤리적으로 채취할 수 있는 소재도 비윤리적으로 접근하거든요. 실크도 그래요. 고치 안에서 누에가 탈피한 다음 채취해야 하는데 고치 안에 누에가 들어 있는 채로 삶아서 뽑아내요. 우리는 나방이 될 때까지 기다려줄 수가 없으니까요. 물론 한참 빠르게 산업화되던 시대에는 그럴 수 있었다고 생각해요. 인간 문명이 발전해 온 과정이니까요. 그런데 이제는 그러면 안 되잖아요. 식물성 소재도 개발되었고, 수많은 섬유공학으로 만들어낼 수 있는 합성 소재도 많은데 굳이 우리가 이 시대에 이런 소재를 이렇게 폭력적으로 사용해야 하나 싶은 거죠. 여전히 그 시점에 머물러 있는 건 우리가 이 시대에 짚신을 신고 마차를 타고 다니는 거랑 별반 다르지 않다고 생각해요. 물론 지금은 윤리적으로, 양에게 고통을 가하지 않고 양털을 채취하는 농장도 있어요. 사람들이 지적하면서 문제가 대두된 덕분이겠죠. 우리가 어떻게 행동하느냐에 따라 산업이 바뀐다고 생각해요.

지금은 대체 소재를 만들 수 있고, 좀더 윤리적인 방법으로 동물성 소재도 만들 수 있다는 거죠?
물론이죠. 조금만 노력하면 대체재를 만들 수 있는 시대가 왔는데 굳이 생명한테 고통을 줄 필요가 있을까요. 그런 생각을 하기 시작하면서 비건 패션 브랜드를 만들어보자 싶었어요. 비동물성 소재로 옷을 만들자고 생각한 거죠.

주변 반응은 어땠어요?
동물보호단체에서 일하다 보니 활동가 친구가 많았는데요. 그 덕에 응원을 많이 받았어요. 다만 그런 친구들도 제 브랜드가 이런 분위기일 줄은 예상 못했죠(웃음). 이렇게 패턴과 색이 많기보다는 천연 염색된 내추럴한 이미지를 예상하는 사람들이 많았어요. 물론 지인이 아닌 사람들은 공격적인 반응도 보였죠. 초반에는 몇몇 플랫폼에서 크라우드 펀딩도 여럿 했거든요. 불특정 다수가 모이는 공간이다 보니 '동물 팔아서 마케팅한다.', '넌 그럼 채소만 먹고 사냐, 채소는 안 불쌍하냐.'는 식의 이야기도 많았어요. 그러다 인식이 확 바뀌는 일이 있었지요. 4대 패션 위크에서 '퍼 아웃Fur Out'을 실천하겠다고 나서기 시작했거든요. 명품 브랜드에서 지속가능성에 관한 이야기를 꺼냈을 때, 사람들 인식이 비로소 변한 것 같아요.

반가운 일이지만, 국내에는 비동물성 소재를 만드는 곳이 많지 않다고 들었어요. 작업하기가 쉽지만은 않을 것 같아요.

비건타이거는 100퍼센트 식물성 레더만 사용하는 건 아니에요. 합성 소재나 인조 소재가 섞인 것도 많이 쓰거든요. 비건타이거를 론칭하고 처음 3-4년 정도는 식물성 소재가 거의 없었어요. 초반엔 파인애플 레더 같은 게 나왔는데, 가방이나 소품을 만들 정도의 적은 양이었거든요. 그러다 지속가능한 패션, 비건 패션이 화두에 오르면서 옷을 만드는 과정에서 탄소 발생을 줄여야 한다는 목소리가 커졌고, 그때 식물성 레더가 본격적으로 출현했죠. 그 이전에는 외국에 아무리 오더를 넣어도 응답을 못 받기 일쑤였어요. 리사이클 폴리에스터

대체 소재가 있어도 쉽게 구할 수 없는 게 문제겠네요.

그래도 지금은 어느 정도 연결 고리가 생겼어요. 한번은 밀라노에서 지속가능한 패션 전시가 열린 적이 있어요. 아시아 최초로 초대받아 다녀왔는데, 그때 소재 회사나 외국의 비건 패션 브랜드를 알게 돼서 소통을 이어가게 됐거든요. 그 이후로 멕시코에서 선인장 레더도 나오고 점점 식물성 소재가 많아지기 시작했죠. 그래도 사용이 쉽진 않아요. 멕시코에는 선인장이 많아서 선인장 레더가 좋은 대체재가 될 수 있는데요. 우리나라에서 사용하려면 수입 비용이 발생하잖아요. 저도 선인장 레더로 재킷이나 코트를 만들어봤는데, 소비자 부담이 너무 커서 지속적으로 제작하긴 어렵겠더라고요. 국내에도 이런 생산 라인이 있으면 좋겠다고 생각해서 알아봤더니

같은 경우엔 원사만 1만 톤 이상을 구매해야 한다는 원칙이 있기도 했고요. 특히 겨울 소재를 구하기가 힘들었죠. 울 느낌의 포근한 소재를 찾고 싶은데, 울이 들어가지 않은 소재가 없었어요. 꼭 1퍼센트, 2퍼센트라도 울이 섞여 있더라고요. 지금도 겨울 소재에서 울이 안 섞인 걸 찾는 건 힘들어요. 한번은 시장에서 굉장히 마음에 드는 원단을 발견했는데, 판매자 말로는 울이 안 들었다고 하더라고요. 그 원단으로 샘플도 만들고 작업도 거의 마쳤는데요. 저는 직접 제작한 원단이 아니면 제품을 출시하기 전에 원단 시험 검사를 하거든요. 원단 세척 방법이나 소재 혼용률을 알기 위함인데, 판매자 말과 달리 울이 섞여 있는 거예요. 전량 반납했어요.

한지 레더를 만드는 업체가 있더라고요. 아직 패션 산업에 도입할 단계는 아니어서 인조 가죽 하시는 대표님께 한지를 실로 만들어보자고 제안했어요. 글로벌적으로 비건 소재가 각광받고 있다고, 지속가능성에 집중해야 한다고 설득한 끝에 함께 개발을 시작했죠. 그렇게 완성된 실은 강직도를 위해 한지 90퍼센트, 나일론 10퍼센트를 섞어 만들었어요. 한지 레더로 비건타이거의 제품을 제작했고, 우리 브랜드 느낌을 살리고자 에코 라미네이팅을 더해 친환경 기준에 부합한 제품을 만들기 시작했어요. 2년 전부터 비건타이거의 시그니처로 자리 잡은 아이템이죠. 이번 파리 출장 때 한지 레더 제품을 갖고 다녀왔는데 해외 반응도 좋더라고요. 지금 입고 있는 이 코트도 한지 레더로 만든 거예요.

네? 이게 한지예요?
네(웃음). 가볍고, 가죽 같지만 동물 소재가 아니어서 더
만족스러워요.

제가 생각하는 그 한지가 맞죠? 종이.
맞아요. 닥나무에서 나오는 거니까 닥나무 레더라고
부르기도 하는데, 저는 한지 레더라고 하는 게 친근하고
좋더라고요.

**노력하면 우리나라에서도 대체할 재료를 개발할 수가
있는 거군요.**
많은 노력이 필요하기는 해요. 저는 제가 비건 패션의
선두에 있다고 생각해요. 비건 브랜드의 모티프이자

여러 조건을 충족해야 해요. 비동물성 재료를 사용하는
건 물론이고, 그 과정에서도 친환경 기준에 맞아야 하죠.
그런데 공정 무역에서 친환경 과정을 다 지키려다 보면
절차가 너무 복잡해지거든요. 그러다 보면 할 수 없는
것들이 늘고, 결국 제품은 산으로 가게 될 거예요. 저는
강력한 기준을 하나 두었어요. '학대받는 동물이 없는
패션.' 그래서 합성 소재도 사용하고 페이크퍼도 쓸 수
있는 거죠. 완벽한 비건 패션을 지향했다면, 합성 섬유나
화려하게 염색된 재료도 쓸 수 없었을 거예요. 가끔
비건타이거를 완강한 친환경 브랜드로 생각하는 분들에게
"왜 이런 소재를 쓰느냐."는 이야기를 듣기도 해요. 그래서
정확하게 이야기하고 싶어요. 비건타이거의 목표는 패션
산업에서 발생하는 동물 학대를 종식시키는 거예요.

롤모델이 되었다는 자부심이 있기에 더 노력을 기울이고
있어요. 얼마 전에는 선인장 레더를 제작하기 시작한
한 국내 업체의 전화를 받았어요. 선인장 레더 생산
라인을 구축하고는 비건타이거에 가장 먼저 연락해
주신 거죠. 그런 걸 보면서 이젠 좋은 변화를 이끌 수
있는 회사로 성장했다는 걸 느껴요. 지금에 이르기까지
굉장히 힘들었고 지금도 여전히 그렇거든요. 지치지 않기
위해서는 제가 행복하게 실천하는 게 가장 중요하다고
생각해요.

**첫 질문에 "내가 행복해지는 게 사랑"이라고 하셨지요.
사랑을 계속 간직하면서 비건타이거를 해나가는 거네요.**
그러네요(웃음). 사실 완벽한 비건 패션을 이어나가려면

**확고한 기준 덕분에 비건타이거의 매력이 더욱
굳건해지는 것 같아요. 아직까지 비건이란 단어에는
수수하고 소박한, 색이 없는 것들을 떠올리게 되는데요.
비건타이거는 눈에 띄게 화려하잖아요.**
비건은 색이 없고 수수하기만 한 게 아니에요. 아직
많이 접해보지 못해서, 경험치가 많지 않아서 그런
이미지가 있는 것 같아요. 채식도 초반에는 생식처럼
인식됐어요. 아무것도 가공하지 않은 식단만이 채식이라는
오해가 있었죠. 패션 영역에선 비건 패션이란 개념조차
생소했잖아요. 아마 비건 패션이라고 하면 지금도 오가닉
코튼으로 만들어진 옷을 떠올리는 분이 많을 거예요. 결국
심플하고 정제된 옷이 가장 먼저 상상되는 거죠. 그러나
이건 익숙하지 않은 데서 오는 편견이라고 생각해요.

그래서 저는 비건타이거로 다양함을 보여주고 싶어요. 비건 패션을 선택해도 디자인, 패턴, 색감, 무엇 하나 포기하지 않아도 된다는 메시지를 전하고 싶은 거죠. 어느 하나의 기준이나 이미지를 만들고 싶진 않아요. 사실 저는 타인에게 강경한 비건은 안 좋아하거든요(웃음).

어? 안 좋아하는 비건도 있어요?
강건한 비건인 한 명보다 한 끼 채식 지향하는 여러 명이 훨씬 나은 방향이라고 믿어요. 그거야말로 행복하게 지속적으로 실천할 방법이거든요. 저는 비건타이거를 비동물성 소재로, 제 취향대로 디자인해 나가면서 강렬하게 메시지를 담아 보여주고 싶어요.

메시지 하니까 생각나는데, '모피 농장의 유령들' 컬렉션 정말 좋았어요. 패턴은 패턴대로 귀엽고, 메시지는 메시지대로 좋았거든요.
아! 제가 제일 좋아하는 컬렉션이에요. 그 패턴을 디자인할 때 저희 고양이가 떠나기도 했고…. 반려동물이 우리 곁을 떠나면 "무지개다리를 건넜다."는 이야기를 많이 하잖아요. 그런데 '모피 농장에서 죽은 동물도 평화롭게 무지개다리를 건널까?'라는 생각이 들더라고요. 제가 워낙 컬트적인 영화를 좋아해서 그런 쪽으로도 상상의 나래를 펼친 거이기도 하죠. 제가 모피 농장의 동물이라면 그냥 못 떠날 것 같았거든요. 〈전설의 고향〉에서 원혼이 이 세상을 떠나지 못하는 것처럼 동물들도 이곳을 떠나지 못하고 억울한 마음에 떠돌 것 같다는 생각이 들었어요. 옛날에 '핼러윈엔 왜 사람 유령만 만들까?'라는 생각을 한 적이 있어요. 그때 재미 삼아 동물 유령을 스케치해 두었는데, 그 아이디어를 모티프 삼아 모피 농장의 유령을 만든 거죠. 다만, 이 이야기가 대중에게 너무 심각하게 전달되지 않기를 바랐어요. 옷은 매일 입는 건데 너무 폭력적이거나, 너무 슬프면 안 될 것 같았거든요. 오히려 누군가 "그 옷 귀엽다!" 했을 때 모피 농장의 유령이라는 이야기를 할 수 있으면 좋겠다고 생각했죠. 비건타이거 옷을 입은 사람이 하나의 메신저가 되는 것이 제가 원하는 바예요. 그래서 시즌마다 그런 이야기를 하나씩 담아보려고 해요.

아무리 바빠도 동물권 이슈에서 관심을 놓을 수 없겠네요.
맞아요. 알고 나면 고민해야 할 것도 많으니까요. 환경, 동물 다큐멘터리도 많이 보고 활동가랑 이야기도 많이 나눠요. 원래 이런 이야기에 관심이 많은데 들으려고 더 노력하다 보니까 어떻게 풀면 좋을지 계속 고민하게 되더라고요. 동물 친화적인 내용을 동물 디자인으로만 풀면 다소 유치해지거든요. 컬렉션을 준비하는 시간

중에서 아이디어를 확장하고 디자인에 적용하는 과정이 제일 오래 걸려요. 그러면서 이제 제가 그릴 게 없어졌으면 좋겠다는 생각도 많이 해요. 동물 학대, 고통… 그런 소재가 사라져서 제가 더는 전할 메시지가 없는 세상이 오면 얼마나 좋을까요. 지금도 계속 고통받는 동물이 있으니까 이야기를 꺼낼 수밖에 없는 거잖아요. 이런 메시지를 전하지 않아도 되는 세상이 오면, 그저 좋은 소재로 오래 입고 싶은 옷을 만드는 브랜드가 되고 싶어요.

꼭 그런 날이 오면 좋겠어요. 요즘은 또 어떤 이슈에 집중하고 있어요?
얼마 전에 휴메인 소사이어티에서 만든 단편 〈랄프를 구해줘Save Ralph〉를 봤어요. 짧은 다큐멘터리인데 토끼 인형이 나와요. 그 친구 이름이 '랄프'죠. 그 토끼의 직업은 인간을 위해 동물 실험을 당하는 거예요. 그래서 여기도 아프고, 저기도 아프고, 한쪽 눈은 실명되고…. 그런데 랄프는 그게 부당하다고 생각하지 않아요. 인간은 문명을 이룬 훌륭한 존재니까 동물이 희생하는 게 당연하다고 생각하는 거죠. 그러면서 또 실험실로 출근해요. 동물 실험, 특히 화장품 분야에서는 정말 필요 없거든요. 저는 인간을 위해 희생되는 것들이 최소화되면 좋겠어요. 그런 생각이 들어서 올해는 실험동물에 관한 이야기를 컬렉션에 담았어요. 토끼 귀에 483이라는 글자를 적었거든요. 지금은 우리나라도 화장품 동물 실험이 없어졌지만, 지난해 희생당한 동물이 483만 마리래요. 상징적으로 새겨둔 거죠. 그리고 토끼에 안대를 그렸는데요. 디자인 요소로만 보면 키치해 보이겠지만 비건타이거에서 만든 거니까 조금만 생각해 보면 그 메시지를 알 수 있지 않을까요?

비건타이거에 패션으로 접근한 사람이 메시지를 이해하고 체화하면 베스트겠네요.
맞아요. 론칭 1-2년 차에는 비건이나 동물에 관심 있는 분들이 많이 관심 가져 주셨어요. 그러다 유통을 하기 시작하면서는 구매자의 80-90퍼센트가 일반 소비자가 되었죠. 좋아하는 옷을 샀을 뿐인데 브랜드 메시지가 비건이고 동물 친화적이다, 그러니까 '내가 좋아하는 걸로도 선한 소비를 할 수 있네.'라는 걸 경험하게 했다는 게 기뻐요. 처음 유통을 시작했을 때 좋은 기회로 압구정과 판교 현대백화점에서 팝업을 열게 됐는데 생각보다 기성세대 반응이 긍정적이었어요. 사실 기성세대는 혼수로 밍크를 받고, 모피가 부의 상징인 세대잖아요. 압구정 지점은 특히 어느 정도 소비력이 있는 소비자들이 모일 거라 생각했기 때문에 걱정이 있었는데 굉장히 긍정적이더라고요. 집에 모피가 많은데 요즘은 입고

나가기 조금 쑥스럽더라는 반응도 많았고요. 젊은 친구들 눈총이 따갑다고 하시는 분들도 있었어요. 그런 피드백이 반가웠죠. 외국에 있는 자녀에게 따뜻한 옷을 보내고 싶은데, 외국은 동물 친화적인 시각이 두드러지니 비건 제품으로 의류를 보내고 싶다면서 찾아오신 분도 계셨죠. 이미 모피를 충분히 경험하신 분들이 그런 피드백을 주시니까 너무 좋더라고요. 긍정적인 변화를 이끌 수 있겠다는 희망이 생겼어요.

사실 비건이라고 하면 패션을 떠올리기가 쉽지 않잖아요.
그래서 패션이 비건을 소비하게 하는 데 좋은 카테고리라고 생각해요. 사람이 한순간에 식습관을 바꾸는 건 쉽지 않아요. 식욕은 즉각적인 욕망이기 때문에 한 번에 바꾸는 건 불가능에 가깝거든요. 그러니까 최소한의 실천이더라도 그것만으로도 좋죠. 그런데 패션은 선택할 수가 있잖아요. 사실 저는 흉내만 내는 비건도 괜찮다고 생각해요.

흉내만 내는 비건이요?
흉내라도 낸다는 건 그게 멋져 보이니까, 좋아 보이니까 그런 거잖아요. 채식만 해도 그래요. 어떻게 처음부터 완벽하겠어요. 실수할 때도 있는 거고, 흉내만 낼 수도 있는 거죠. 작심삼일이면 어때요. 작심삼일 열 번이면 30일인걸요! 뭔가를 실천하려고, 해보려고 노력하는 마음만 있다면 다시 할 용기도 금세 생긴다고 생각해요. "나 이거 옛날에 실천한 적 있는데, 다시 해볼까?" 어떤 시도든 좋은 방향이라면 긍정적인 거니까요.

요즘은 크고 작은 기업도 친환경적인 행보를 보이고 있죠. 그린워싱이라는 말도 있지만, 친환경을 표방한다는 데서 희망을 보는 거네요.
요즘 워낙 바쁘게 지내고 있어서 어떤 비건 제품이 나왔는지, 어떤 브랜드가 어떤 실천을 하는지 정보를 접하는 속도가 너무 느려요. 반성하게 되는데요. 이번 패션 위크를 준비하면서 보니 패션 업계에서도 노력을 많이 하고 있더라고요. 저희도 제품을 넘어 브랜드 안팎으로 비건타이거의 가치를 실현하고자 노력하고 있어요. 스태프 밀을 비건식으로 준비하고, 저희 제품에 매치하는 액세서리, 가방도 모두 비건으로 선택하거든요. 신발도 비건 아니면 안 되고요. 요즘은 특히 이런 행보에 동참해 주시는 분들이 많아졌어요. 지금 저희 신발을 제작해 주시는 분들은 원래 수제화를 만들던 분들인데요. 수제화는 공이 많이 들어가고 단가가 높으니까 퀄리티를 위해 가죽을 많이 선택해요. 저희는 비건 소재를 사용해 달라고 부탁드리는데, 사실 아무리 장인분들이어도

익숙하지 않은 소재는 어려워하세요. 근데 그 까다로운 과정을 다 이겨내고 협업해 주시는 걸 보면서 세상이 바뀌었다는 걸 느끼죠. 여태 동물성 소재를 쓰시던 분들도 비건 소재로 새로운 공정을 거쳐 저희 쇼를 도와주시기도 하고요. 이제는 비건이라는 키워드가 긍정적으로 확대되는 것 같아요. 실천하고 싶게 만드는 카테고리가 된 것 같아서 뿌듯하기도 하고요.

이랑, 김사월… 《AROUND》와 가까운 아티스트를 비롯해서 유재석, 이효리, 현아 등 내로라하는 스타들이 비건타이거를 선택하고 있어요.
한 번도 비용 들여서 스타 마케팅을 해본 적이 없는 저로서는 정말 감사한 일이에요. 이효리 님은 원래 동물성 소재는 협찬을 안 받는다고 하시더라고요. 이처럼 비건 패션 브랜드여서 선택된 경우도 있겠지만, 디자인이 맘에 들어서 선택하신 분들도 있을 거예요. 이제는 진짜 모피를 입고 미디어에 노출되면 부끄러워지는 시대잖아요. 우리나라 스타들도 이런 부분에서 좀더 조심스러워지고 경각심이 생긴 것 같아서 기뻐요. 비건타이거가 선택되었다는 것도 그렇고요.

다음 주에 쇼가 있다고 했죠. 이번 메시지는 뭐예요?
2023년 쇼 전체 콘셉트가 'LOVE & PEACE'예요. S/S컬렉션을 러브앤피스로 잡고 좀더 확장된 개념으로 접근하려고 해요. 비건타이거도 채식하는 호랑이, 안 어울리는 개념을 이중적인 메시지로 연결한 거잖아요. 예전에 우리는 털옷이라고 하면 동물 털, 가죽옷이라고 하면 동물 가죽을 떠올렸어요. 그런데 지금은 여러 브랜드에서 비동물성 털옷, 가죽옷을 선보이고 있어요. 이런 이중성을 담아서 '노 퍼레이드No Furade'라고 이름 붙였어요(웃음).

네이밍이 마음에 들어요(웃음). 일각에선 그런 이야기도 있어요. 페이크퍼로 아름다운 옷을 만들면 오히려 진짜 모피를 사고 싶게 만드는 역효과를 낸다고요.
자신 있게 이야기할 수 있어요. 그건 패션을 소비하지 않는 분들 의견이에요. 너무 활동가적인 시선이죠. 누군가 입은 옷이 멋져 보여서 따라 사고 싶어질 때가 있잖아요. 그럼 그 옷을, 브랜드를 찾아보게 되지 않나요? 자연스럽게 그 옷이 페이크퍼라는 걸 알게 될 거예요. 더불어 그 브랜드가 어떤 목적으로 페이크퍼를 썼는지도 알게 될 테고요. 저희가 제품을 더 사고 싶게, 따라 입고 싶게 만든다면 오히려 비건타이거의 메시지를 잘 전하게 될 거라고 믿어요.

생각해 보니 그러네요. 마음에 드는 옷을 찾아봤는데 메시지가 동물 친화적인 브랜드라면 더욱 호감이 생길 것 같아요. 그럼 이 질문으로 오늘 대화를 마무리해 볼게요. 전 세계 많은 사람이 나이키 로고를 알 듯, 지구인이 비건타이거 옷을 한 벌씩은 가진 시대가 온다면… 어떤 것들이 변해 있을 것 같아요?

너무 황홀한 질문이에요. 잠깐만요, 이 황홀한 기분 조금만 더 누릴게요(웃음). 모든 사람이 비건타이거 옷을 하나씩 가진 날이 온다면… 그땐 어떤 물건이든 내가 지닌 이것이 어디서 왔고, 나한테로 와서 어떻게 쓰이며, 나중에 어떻게 될 것인가를 좀더 생각하게 되는 시대일 것 같아요. 무분별한 소비보다는 가치 있는 소비가 이루어지는 세상이 오겠지요.

비건타이거는 계속해서 가치를 전하는 브랜드가 될 테고요. 그날을 위해 앞으로는 어떤 일들을 해나갈 계획이에요?

지금보다 더 잘돼서 세상에 한 획을 긋는 기업이 되고 싶어요. 제가 성공하면 더 많이 돕고, 더 많이 실천할 수 있겠다는 생각을 자주 해요. 초심을 잃지 않고, 하나의 생명이라도 더 살리는 옷을 만들 거예요. 가끔은 끔찍한 생각이 들기도 해요. 훗날 해양 생물 몸에 제가 만든 라벨이 휘감겨 있으면 어떡하나, 후세대가 바닷속에서 비건타이거 라벨을 발견하면 어떡하나…. 제가 아무리 생분해 비닐을 사용하고 동물 친화적으로 옷을 만들어도 이런 일까지 막을 수는 없잖아요. 그래서 혹시라도 놓치는 부분은 없을까 늘 생각하고 더 고민하게 돼요. 미래에 결코 그런 일이 일어나지 않도록 계속 집중해서 해나가고 싶어요. 세상엔 흔적을 남기지 않으면서, 우리 마음엔 흔적을 남기는, 그런 브랜드가 될 거예요.

비건타이거 사무실을 둘러보는데 옷이 아닌 것들이 켜켜이 쌓여 있다. 윤아 씨는 이불처럼 쌓인 그것을 가리키며 원단 자투리라고, 매 시즌 옷을 만들고 남은 것들을 남겨둔다며, 관리가 어려워 직원들에게 미안하다는 말과 함께 싱긋 웃는다. 비건타이거는 무엇 하나 허투루 하는 일이 없다. 모든 손길에 사랑이 녹아 있는 덕택일 테다. 별생각 없이 만든 원단이라면, 의미 없이 디자인한 패턴이라면 두고두고 다시 사용하고 싶은 마음이 들까. 자그마한 정성이 모여 무고한 죽음을 지우고, 시시한 자투리가 사랑을 입고 오늘 더 근사해진다. 채식하는 호랑이는 계속해서 앞장설 것이다. 모피 농장의 유령을 기리고, 동물과 인간이 나란히 살아갈 터전이 좀더 빠르게 마련되도록.

친절한 불편

글 오은, 신연선, 김상훈   일러스트 오하이오   에디터 이주연

가방은 무겁지만 물건 틈새를 비집고 텀블러를 담는다. 친환경 핸드페이퍼와 에코 물티슈를 다섯 번쯤 사용하면 여섯 번째부터는 걸어 놓은 수건으로 젖은 손을 옮긴다. 불편하다. 먹고 버리면 되는 일회용 잔이, 닦고 쓰레기통에 넣으면 그만인 핸드 타월이 훨씬 편하다. 그렇지만 나만 좋자고 전철에서 누워 버릴 수 없는 것처럼, 신난다고 회사에서 종일 엉덩이춤을 줄 수 없는 것처럼, 자연에게도 예의는 지켜야 한다. 최소한의 예의만 지켜도 되는 시기는 이미 한참 지나왔다. 우리는 지금, 어떤 불편을 얼마나 친절하게 실천하고 있는가.

잊지 않아야
잃지 않으니까

나는 잘 잊지 않는 대신, 잘 잃어버린다. 잃어버린 것을 잊지 못한다는 건 꽤 슬픈 일이지만, 있었던 것들을 오랫동안 기억할 수 있으니 다행이기도 하다. 여름철 장마가 지나고 나면 손에서 빠져나간 우산이 어림잡아 서너 개쯤 된다. 잃어버렸다는 사실에 울상을 짓다가도 어딘가에서 제 소용을 다하고 있기를 간절히 바라게 된다.

잃어버리기 선수인 내가 10년 넘게 쓰고 있는 물건이 있다. 바로 텀블러다. 비가 그치면 찾지 않는 우산과는 달리, 텀블러는 항상 가지고 다닌다. 늘 소지하기에 잃어버릴 염려가 없다고 하기에는, 그간 너무 많은 것들을 떠나보냈다. 신발도, 외투도, 손목에 차는 염주도 어딘가에서 잃어버렸으니 착용 여부는 중요한 이유가 아닐지도 모른다. 한번은 텀블러를 넣고 다니는 가방을 잃어버린 적이 있는데, 그때도 텀블러만큼은 손에 쥐고 있었다. 어찌 된 일일까.

물을 좋아한다. 물이 없으면 불안을 느끼니 좋아함의 영역보다는 필요함의 영역에 가까울지도 모르겠다. 처음에 텀블러를 가지고 다닌 이유도 언제 어디서든 물을 마실 수 있다는 가능성 때문이었다. 물이 없으면 괜히 더 목이 타는 것 같아 안절부절못하곤 했다. 그즈음 선물 받은 텀블러는 은색이었다. "네 이름이 은이잖아." 친구의 심상한 말이 심상치 않게 들리기도 했다. 이 텀블러를 잃어버리면 나를, 나의 일부를 잃어버릴지도 모른다는 생각이 들었다. 텀블러는 외출 시 내 단짝이 되었다. 가시권을 벗어나지 않는다.

별다른 일정이 없을 때는 카페에서 음료를 주문하고 책을 읽거나 원고를 쓴다. 그사이 직장인들이 종이컵이나 플라스틱 컵에 커피를 받아 나간다. 냅킨과 컵 홀더, 빨대까지 함께 밖으로 나간다. 테이크아웃이 일상에 뿌리내리면서 어딘가에 쌓이고 있는 쓰레기들을 자주 떠올린다. 종이 더미, 플라스틱 무더기, 고철 덩어리…. 인간이 편의를 앞세워 만든 물건들이 글을 쓰고 있는 이 순간에도 지구를 뒤덮고 있다. 기후가 변하고 환경은 파괴되고 재해는 끊이지 않는다. 안전한 곳은 없다.

고작 텀블러를 사용함으로써 일회용품 사용을 줄이는 데, 나아가 지구를 지키는 데 일조하고 있다고 말하기에는 민망하다. 하지만 매일 텀블러를 사용하는 것은 잊지 않겠다는 다짐이기도 하다. 하나쯤 더 만들 수 있는 쓰레기를 하나라도 덜 만들려는 마음이다. 지구가 아프다는 사실을 잊지 않겠다는 경각심이다. 외출할 때마다 나는 '언젠가 목마를 나'를 떠올리면서 동시에 '언제나 목마를 지구'를 생각한다. 누군가에게는 고작 텀블러일지 모르지만, 작은 움직임이 모이고 모이면 '고작'이 '기적'이 되지 않을까.

재작년부터는 텀블러를 두 개 들고 다닌다. 은색 텀블러는 물을 넣어 다니는 용도고, 주황색 텀블러는 음료를 받는 용도. 주황색은 내가 가장 좋아하는 색이라 텀블러를 잃어버리면 취향까지 사라져 버릴까 불안하다. 실은 더 큰 불안이 있다. 팬데믹 이후, 나는 정말로 지구가 걱정된다. 자연自然을 곧이곧대로 해석하면 "스스로 그러함."이란 뜻이다. 지구가 스스로 그러할 수 있으려면, 마음 편히 존재할 수 있으려면 무엇을 해야 할까. 우리가 이 땅 위에서 '공존'해야 함을 잊지 않아야 할 것이다. 잊지 않아야 잃지 않을 수 있다.

오은

가끔 바닥에 텀블러를 떨어뜨리곤 한다. 여기저기 난 생채기를 보면 속상하지만, 어쩌면 이것이 삶일지도 모른다는 생각이 들기도 한다. 떨어져도 다시 줍기, 넘어져도 다시 일어나기, 지구를 떠올리며 또다시 다짐한다.

은밀한 문장수집가의
환경 이야기

신연선

프리랜서 작가.
출판사 홍보 기획자,
온라인 서점 MD로
일했다. 2014년부터
프리랜서로 칼럼,
인터뷰 기사, 콘텐츠
시나리오 등을 쓰고
있다. 2017년부터
팟캐스트 〈책읽아웃—
오은의 옹기종기〉
대본을 쓰고 있다.

궁금해할 사람이 많지 않을 정보 두 가지를 적고 이야기를 시작하려고 한다. 하나는 내가 '물 낭비와 물 오염 중 어느 것이 더 나쁠까?', '전기 코드를 꽂아 두는 것과 꽂았다 빼기를 반복하는 것 중 어느 것이 더 전기를 소비할까?' 같은 질문을 끊임없이 하던 어린이였다는 것이다. 폐품 수집(이라는 것이 어린 시절에 있었다. 학교에서는 특정 요일에 학생들에게 폐품을 가져오게 해 그것을 폐지로 재활용한 공책과 바꿔주었다. 먼 옛날.)에 열을 올리던, 공연히 켜져 있는 전기등을 몹시 손해라고 여기며 방마다 다니며 불을 끄던 그런 어린이. 그러니까 미세먼지 농도가 높은 날 공기청정기를 가동하는 것을, 강아지의 배변 패드로 쓰레기통이 금세 차오르는 것을, 신발이나 옷 등을 새로 구매하는 것을 영 불편해하고 그런데도 안절부절못하며 두 시간 사용할 공기청정기는 한 시간만, 미안하지만 강아지의 배변 패드는 2-3회 사용까지, 새 신발이나 새 옷은 가급적 소비하지 않겠다는 다짐을 하고 실패하고 또 반성하는 것이다.

한편, 그 어린이는 책 읽고 글 쓰는 것을 중요한 정체성으로 삼는 성인이 된다. 나는 나 자신의 하찮은 기억력을 알기에 열심히 문장을 수집하는, 그러나 이 사실을 은밀하게 숨겨온 문장수집가가 되었다. 문장은 내 보물이었다. 읽는 사람이 쓴 사람과 어떠한 장애물 없이 찌릿(!)하고 만나게 되는 순간들. 그것이 오해에 불과하더라도 진실이라고 믿고만 싶은 그 전기적Electrical 순간에 중독된 나는 단 한 대목이라도 전기적 순간을 만나면 그 어떤 책이라도 열광하기를 마지않으며 수첩을(정확히는 스마트폰 메모리를) 채워나가는 생활을 십수 년째 지속하는 중이다. 그러니 수첩—메모리에 환경과 관련한 문장들, 나의 미흡한 실천과 고민에 관한 문장들이 쌓이지 않을 수 없는 노릇이다.

1. 고금숙·이주은·양래
   교, 《알맹이만 팔아
   요, 알맹상점》, 위즈
   덤하우스, 2022, p4.
2. 박규리 외, 《비거닝》,
   동녘, 2021, p114.
3. 레이첼 카슨, 《우리
   를 둘러싼 바다》, 에
   코리브르, 2018,
   p229.
4. 박현주, 《당신과 나
   의 안전거리》, 라이
   킷, 2020, p150.

외출할 때 챙기는 손수건, 텀블러, 다회용 빨대, 장바구니 등이 무겁고 번거롭게 느껴질 때 "플라스틱과 일회용품을 걷어내고 알맹이를 그득그득 채우는 일상이 불편이 아니라 궁극의 자기 돌봄이라는 것을 알아 간다.[1]"라는 문장을 기억하면 귀찮음은 깨끗이 사라지고 나 자신을 성심을 다해 돌보는 이 행위가 파동을 만들며 나 바깥으로 퍼지는 상상에 뿌듯해진다. 살아 있는 돼지를 안고서 환하게 웃고 있는 사람의 사진이 걸린 정육 식당에 다녀온 것이 못내 부대낄 때 "비건 한 명 * 365일 = 365 / 일주일에 한 번씩 채식 * 7명 * 52주 = 364[2]"라는 구체적인 계산을 발견하면 어제의 나를 탓할 에너지로 오늘의 실천을 응원할 수 있게 된다. 나 하나의 실천이 무슨 소용 있겠느냐고, 더 큰 사회의 구조를 탓하면서 화살을 돌리고 싶은 졸렬한 마음이 떠오를 때 "지금 버지니아 해변이나 라호이아에서 유쾌하게 부서지는 파도는 몇 년 전 남극의 빙산 기슭을 찰싹이거나 지중해의 햇빛 아래 반짝이고 있다가 보이지 않는 깊은 물길을 따라 오늘 내 눈앞에 당도한 것일지도 모른다. 이처럼 깊이 숨어 흐르는 해류 덕분에 모든 바다는 진정으로 한 몸이 된다.[3]"는 문장에 머무르고 있자면 순환하는 지구 안에서 우리 모두는 책임이 있는 존재들이라는 생생한 사실을 인식하게 된다.

매일의 낱낱의 실패를 나만은 분명히 알기에 쉽게 자책하고, 자책에 머물다 무너진다. 이런 사람에게 여기 소개한 문장들은 살아가는 힘이라 해도 틀리지 않다. 어떻게든 더 나은 사람이 되고 싶은 마음을 북돋우는 문장들. 어려운 실천이라는 걸 안다고, 그래도 그것이 더 가치 있는 일이라고 살포시 등을 떠밀어주는 문장들. 그래서 오늘도 수첩—메모리를 채우고 반성하고 나아간다. "평균은 그저 되는대로 살 때 이뤄지는 가치가 아니라, 내가 남보다 못할 수도 있다는 발견에서 좌절하지 않고 이전보다 나은 사람이 되려고 노력할 때 비로소 힘겹게 도달할 수 있는 상태일지도 모른다. 평균은 평균 이하의 사람이 되지 않도록 노력하는 사람만이 달성할 수 있는 가치이다.[4]"와 같은 말에 기대서.

줍줍하는
비건 산행 어떠세요?

김상훈
팟캐스터&북 큐레이터.
스틸북스에서
북 큐레이터로 일했고,
지금은 예스24에서
일한다. 팟캐스트
〈아키의 책바구니〉를
만든다.

"아이고, 좋은 일 하시네. 어디에서 나오셨어요?" 요즘 친구들과 산행할 때마다 듣는 말이다. 한 손에는 집게를, 한 손에는 봉투를 들고 쓰레기를 주우며 산을 오르는 청년들. 무슨 이유로, 누가 시켜서 저런 일을 하는지 궁금해할 만하다. 낯선 사람들 간의 스몰 토크가 생각보다 잦은 산의 특성상, 우리의 존재를 묻는 말에 답해야 하는 일이 자주 있다.

시작은 단순했다. 술을 즐기는 두 친구 우공, 미리와 함께 '어떻게 하면 더 맛있게 술을 마실까?' 고민하다 찾은 것은 산행이었다. 때마침 셋 모두 캠핑과 등산 같은 아웃도어 활동에 관심을 기울이고 장비를 갖추기 시작할 때였다. 셋이 처음 함께 오른 곳은 2021년 가을의 인왕산. 내려와서 마시는 맥주는 어느 때보다 시원했다.

그렇게 시작된 아웃도어 활동이지만 나는 생각보다 금방 시시해졌다. 캠핑은 고기를, 오직 더 많은 고기를 굽는 게 목적으로 보였고, 높은 곳을 올랐다가 내려와서 술로 마무리하는 것 이상의 무언가를 등산에서 더 찾고 싶었다. 그때 알게 된 것이 플로깅이었다. 산책이나 조깅하며 쓰레기를 줍는 것. 만약 플로깅을 하며 산행을 한다면 어떨까? 우공과 미리에게 아이디어를 알리자 반겨주며 함께하자고 했다.

모든 의미 있는 것의 시작은 이름 짓기. 여러 비장한 후보를 제치고 선택된 것은 귀엽고 직관적인 '줍줍산책'이었다. 그래, 쓰레기를 '줍줍하며' 산행하고, 내려와서는 술을 마시며 책 이야기도 나누자. 그렇게 시작된 줍줍산책의 첫 무대는 수락산이었다. 초보 등산객에게 쉽지 않은 코스인 데다가 두 손이 자유롭지 않아 종종 서툴렀지만, 많은 쓰레기를 봉투에 담았고 그 크기만큼의 보람이 있었다. 마주치는 등산객들의 관심과 리스펙트도 덤으로 얻었다.

SNS에 줍줍산책 활동을 알리자, 또 다른 친구들이 기다렸다는 듯 모여들었다. 미리의 친구인 산하가 합류하여 마니산에서 두 번째 줍줍을 진행했고, 나의 직장 동료인 비몬이 합류하여 불암산에서 세 번째, 그리고 와우산과 홍대에서 네 번째 줍줍을 진행했다. 특히 비몬이 함께하면서 줍줍산책 날은 모두 함께 비건 음식을 먹게 되었다. 이 밖에도 미리 소식을 알려주면 함께할 것을 약속한 친구들이 여럿이고, 그중에는 대면한 적 없는 온라인 친구도 있다.

그런 상상을 해본다. 지리산, 설악산, 한라산 같은 커다란 명산에서 수많은 줍줍산책 멤버들이 한날한시에 각기 다른 지점에서 출발하여 조용히 자기만의 줍줍 산행을 하고 흩어지는 일. 어쩌다 마주치면 질문보다는 묵례와 미소를 건네는 순간. 일종의 퍼포먼스 혹은 행위 예술 같은 이 상상이 언젠가 현실이 될지 누가 알겠는가. 함께하고 싶은 마음이 든다면 편하게 DM을 보내주기를 바란다. instagram.com/k.shoon

한 사람의 내면에 용기가 자라나기까진 무수한 시행착오와 다짐이 필요하다.
파도식물은 마음 속 물결치던 숱한 질문들을 거쳐 자신들만의 용기를 피울 자리를
찾아 여정을 떠난다. 씨를 품고선 먼바다를 항해하는 모감주나무처럼 말이다.

저 멀리 용기를 실어 보내며

파도식물

에디터 오은재   사진 이주연

반가워요. 인터뷰에 참여해 주셔서 감사해요. 자기소개 먼저 부탁드려요.

만나서 반갑습니다. 식물로 활동하는 플랜트 크리에이티브팀 파도식물입니다. 현재는 아트디렉터, 카피라이터, 프로게이머 팀 코치, 한국전력공사 출신의 흥미로운 이력을 가진 네 사람이 조합된 크루지요. 저희는 파도식물을 소개할 때 "식물로 활동합니다."라고 말하곤 합니다. 자연을 매개로 장르와 경계 없는 프로젝트를 전개하고 있어요.

파도와 식물, 두 단어의 조합이 굉장히 신선해요. 모감주나무에서 영감을 얻었다고요. 처음 들어보는 이름이라 검색을 해봤는데 돛단배를 닮아 놀랐어요.

브랜드명을 고민할 때 식물 다큐멘터리를 보다가 모감주나무를 알게 됐어요. 모감주나무의 씨방은 꼭 배 모양을 닮았어요. 가지 끝에 달려 있을 때는 바람을 타고 멀리 날아갈 수 있도록, 바다에선 안정적으로 물 위를 항해할 수 있도록 디자인이 되어 있죠. 덕분에 서로 다른 대륙의 해안가에서 모감주나무 군락을 발견할 수 있어요. 정착할 수 없는 파도와 떠날 수 없는 식물처럼 너무나도 다른 두 존재가 상호작용하며 펼쳐내는 풍경에 깊이 감동을 받았습니다. 저희가 만나는 모든 사람과 브랜드가 파도와 식물의 관계가 되었으면 하는 바람을 담아냈지요.

파도식물은 어떻게 시작되었나요?

우아하고 드라마틱하다기 보단 'Think Survival'이나 다름없는 이야기랍니다. 재직하던 광고 회사에서 만난 저희 스승님 김호철 ECDExecutive Creative Director님과 작은 광고 회사를 꾸렸는데요. 당시 살던 집 월세를 직접 충당해야 했고, 마침 회사 차량이 다마스였어요. 뭔가 해보면 좋을 것 같다며 몇 가지 아이디어를 떠올렸는데 그중 하나가 졸업식 꽃장사였지요. 회사에서 꽃다발을 만들어서 새벽부터 교문에서 장사를 했어요. 몇 번의 우여곡절 끝에 재미가 붙어 해방촌 길에서 다마스를 열고선 주말마다 꽃을 팔았죠. 하루가 지나고, 일주일이 지나고, 한 달이란 시간이 훌쩍 넘어가면서 사람들과 식물로 안부를 묻고 소통할 수 있다는 사실이 흥미로웠어요. 그쯤부터 우리만의 공간과 브랜드를 만들어보자고 생각했지요.

파도식물을 운영하며 '단 한 사람도 똑같은 식물을 구매할 수 없게끔 한다.' 라는 원칙을 세웠다고요. 운영 할 때도 가급적 식물을 추천해 주지 않는다고 하던데요.

추천해 달라고 말씀하시지만 이미 속으로 정해놓으신 경우가 많아요. 저희는 오래 키우는 것이 중요하다고

생각하진 않아요. 절대 안 죽는다는 다육식물을 사다가 '툭' 두고선 있는 듯 없는 듯 한 달에 한 번 물 주는 것보다는 한눈에 마음에 드는 아이를 데려가는 편이 더 좋죠. 예뻐야 궁금해져요. 예쁜 걸 보면 잘해주고 싶은 건 사람이나 식물이나 매한가지니까요. 자주 대화하고 싶어지고, 스칠 때마다 흐뭇해지는 식물들로 골라 가시라고 말씀드리는 편이에요. 시간이 지나며 그런 권유가 나름의 방법이 되겠다는 생각이 들었지요.

'잘 안 죽는 식물이 있나요?'는 식물 상점에 갈 때마다 흔히 하게 되는 질문인데, 그 이야기를 듣고 나니 괜히 반성하게 되네요. 그렇다면 식물 상점을 운영하면서 가장 듣기 좋았던 이야기는 무엇인가요?

"식물 같으시네요."라는 말을 들었던 적이 있는데 많은 생각이 들었어요. "내가 착실히 성장하는 것처럼 보였을까? 그렇게 살고 있긴 한 걸까?" 나름 의미를 부여하면서, 그런 사람이 되고 싶다고 다짐하게 되었죠.

많은 식물들과 이별을 하셨을 텐데, 식물을 보내겠다는 결심은 언제쯤 오나요?

먼저 양심에 걸리지 않아야 해요. 저희가 상상하던 모습에 가까워진 친구들을 보면 준비를 하게 돼요. 좋지 않은 의도로 구매하시려는 분께도 판매를 거부한 적도 많아요. 반면 이 사람에게는 보내도 되겠다는 확신이 생겨서 가격을 낮춰서라도 "이 아이를 잘 좀 부탁드립니다." 하고 보내기도 했어요. 그렇게 보낸 아이들을 "이렇게 컸어요!" 하고 사진을 보내주시기도 했는데 덩달아 기쁜 마음이 들었지요. 물론 식물은 무소식이 희소식이지만요.

일민미술관에서 열린 전시 〈디어 아마존 : 인류세 2019〉에서 참여하신 것이 기억나요. 로봇 청소기를 타고 전시장을 누비며 작품을 관람하는 식물들은 꼭 사람처럼 보이더라고요.

자연 소재로 작업을 하다 보니 조금 더 유연하게 생각하려는 편인데요. 좀 멍청한 질문으로 시작해요. 예를 들면 이런 거예요. 〈디어 아마존 : 인류세 2019〉는 전 지구적으로 논쟁이 벌어지고 있는 '인류세*'에 관해 한국과 브라질의 작가들이 이를 각자의 시선으로 바라보고 표현하여 꾸린 전시였어요. 사람으로 인해 벌어진 세태에 대해서 동시대를 살아가는 예술가들이 메시지를 던지고 이를 또 다른 사람이 관람하며 고찰하는 것이죠. 돌연 이런 의문이 들었어요. '환경 문제에 무게를 둔 이 전시를 식물들이 관람한다면 어떨까? 그들은 어떤 생각을 할까?' 저희는 관람객들 또한 이런 질문을 하며 부끄러움을 느끼길 바랐죠. "아이고 식물들아 내가 너희들을 볼 면목이 없다." 하면서요.

*인간이 지배하는 지질 시대를 가리키는 용어로 인간의 자연환경에 대한 변화시키며 그 흔적들을 남기게 된 시대.

그 중에서도 엘리베이터 내부를 화분으로 채워 넣은
장면이 기억에 남아요.
'그린 허그'는 저희 경험에서 출발한 작품인데요. 저희는
늘 식물과 함께 엘리베이터를 타곤 해요. 손님이 크기가
큰 식물을 구매하면 위치도 봐 드리고 가이드도 드릴 겸
직접 배송을 나가는 편이거든요. 키가 큰 화분들을 싣고
나면 엘리베이터가 꽉 차는데요. 다들 엘리베이터의
문이 열렸는데 사람들로 만원일 때 순간적으로 갈등하게
되잖아요. 만약 그게 사람이 아니라 식물이라면 어떻게
다가올까 싶었어요. 아마 사람들과 부대끼며 한 공간에
갇혀 있는 것과는 차원이 다를 거예요. 여러 그림을
펼쳐가보고 싶어요. 앞으로의 작품 활동도 꾸준히 지켜봐
주셨으면 해요.

처음 '바닷가의 오래된 숍'을 콘셉트로 효창동에
오픈하셨죠. 요즘은 제주도에 자리를 잡고 활동
중이시고요. 모감주나무의 씨앗처럼, 바다를 건너 주변에
자리를 잡았네요. 물론 시내 한복판이므로 해변이라고
말할 수는 없지만, 조금만 걸으면 바다를 볼 수 있다는
점에서 '파도식물의 상상은 현실이 된다.'고 말할 수 있지
않을까 싶어요. 제주에 오신 것을 실감하시나요?
그러게요. 그래서 더욱 말조심을 하려고 해요(웃음).

여전히 작업실은 효창동에 있긴 해요. 프로젝트의
대부분은 서울에서 진행이 되기 때문에 최근 1년 동안엔
서울과 제주를 출퇴근하다시피 오가며 생활을 하고 있죠.
제주에선 꽤 재미있는 곳에 자리를 잡았는데요. 숍에서
백서른여덟 발자국이면 바다 뚝방에 다다라요. 고개를
들면 비행기가 이착륙하는 것이 보이고요. 제주항과
재래시장, 대형 호텔과 마트, 프렌차이즈 버거집이
혼재되어 있는 곳이죠. 제주의 정취를 느끼기엔 어렵지만
팀원들과 바람을 체크하고, 매년 태풍을 대비하면서
실감하곤 해요. '아 여기 제주도였지!'

제주에서 본 풍경 중 가장 아름다웠던 장면을
꼽아보자면요?
아무도 없는 서쪽 해안에서 본, 타오르는 듯했던 노을이요.
아무 생각 없이 바다 향기를 맡고 바람을 맞는다는 게
얼마나 좋은지 몰라요. 요즘은 바닷가에 나가 노을을 보는
일이 줄긴 했지만, 그 장면을 볼 때마다 '오늘의 식물들
광합성은 끝났구나.' 하고 생각해요.

제주도의 산림이 무차별로 훼손되고 있다는 소식이
계속해서 들려오고 있어요.
무성하게 잡초가 자란 산소를 보며 어떤 사람들은
저 집은 기본이 안 되어 있다며 손가락질할 수도 있겠지요.
그런데 식물은 더 반가울지도 몰라요. 벌초를 안 당해도
되니까요. 한국의 빨리빨리 문화가 산림 개발만큼은 피해
갔으면 해요. 개발을 하더라도 수천 번 검토하고, 대안을
마련했으면 해요. 느리게, 느리게.

식물들이 설 자리가 점점 줄어들고 있어요. 인간과
식물이 서로에게 자리를 내어주기 위해선 어떤 노력이
필요하다고 생각하나요?
갈수록 사람이 설 자리가 없어질 거예요. 많은 것들이
AI로 대체되고 있잖아요. 이대로 계속해서 인구가
고령화된다면 많은 곳에 침묵이 찾아올 테고요.
그 와중에 노후화된 건물이나 쇠퇴한 단지 등은 흉하게
두기보다는 자연 친화적으로 개발할 수 있는 아이디어가
더 생기면 어떨까 싶어요. 마치 사람에게도, 식물에도
좋은 공동경비구역처럼요. 사실 사람이 뭔가 하려는 게
환경 파괴가 아닐까요? 요즘 따라 그 생각이 자주 들어
서글퍼지곤 해요.

그렇다면 파도식물은 이러한 상황 속에서 어떤 용기를
내고 있나요?
음… 지구를 위해 엄마 말 잘 듣고 있습니다. 길에 침 안
뱉고, 분리배출 열심히 하고, 될 수 있음 리필 하려고 하고

장바구니나 텀블러를 쓰죠. 플랜트바 용기는 테이크아웃을
아예 금지했고요. 작은 묘목이라도 자꾸 심고 가꾸면서
지구를 위한 일들을 고민하고 도모하죠. 그렇게 지금처럼
파도식물만의 언어로 사람들에게 식물에 대한 다양한
관점과 메시지를 제공하고 싶어요.

"자연 앞의 겸손함, 환경에 대한 경각심도 길 아래 핀
작은 풀에 관심을 가지는 일, 친구에게 선물 받은 식물에서
출발한다고 생각한다." 언젠가 인터뷰에서 이런 이야기를
하신 적 있어요.
땅과 바다가 더 이상 안전한 것을 제공해 주지 못하고,
기후가 우리의 명랑한 생활에 위협이 되는 상황 때문에
문제의식을 느끼는 것이 아니길 바라요. 그보다는 감사한
순간과 즐겁고 행복한 기억의 레이어가 더 많이 쌓여야
해요. 어느 날 우연히 선물 받은 작은 화초 덕분에 내
책상의 분위기가 바뀔 수 있겠죠? 이런 소소한 기쁨이
다른 관심으로 이어진다고 믿어요. 내가 다니는 출근길에
이런 꽃나무가 있구나, 공원 가까운 곳에 산다는 것이 이런
위로를 주는구나, 나무와 함께 깨끗이 늙어간다는 것은
어떤 모습일까? 감사한 것들이 많아지면 전에 보이지 않던
것들에 의문이 생길 거예요. 그런 의문들은 나아가 어떤
작고 용감한 행동으로 이어질 수도 있겠죠. 긍정의 연쇄
작용은 강력하니까요.

제주 오일장에서 공수한 식재료로 건강한 요리와 주류를
페어링하여 내어주는 플랜트바 '용기'를 운영하고 있지요.
"나와 내 친구들이 살곰살곰 오늘 하루를 잘 살아내는 게
환경 보호든 지구 평화든 크게 이바지하는 것이라 믿어."
예상치 못한 행보라 생각했는데, 이 문장을 읽고 파도
식물이 하는 일과 크게 다르지 않구나 싶었어요.
어쩌다 보니 식물과 와인을 소개하는 요식업을 하고
있네요. 사실 저희는 식물이 아닌 식물과 함께하는 생활을
판다고 생각해요. 파도식물을 식물로 시작했다면 '용기'를
통해 식물과 먹고 마시는 것을 묶어보고 싶었어요. 식물로
발 디딜 틈 없던 작업실에서 좋은 사람들과 요리해 먹고
즐겁게 마신 기억이 있어요. 그걸 공유하고 싶어 확장한
거예요. 우리가 지금껏 키워온 식물이 있고, 사랑하는
친구들이 따뜻한 한 끼를 내어주고, 모두가 좋아하는
다양한 술을 즐길 수 있는 100평 공간 말이에요. 서로
용기를 주고받는 공간이 되었으면 하는 바람으로
이름도 플랜트바 '용기'죠. 건강한 생각을 할 새도 없고
엉뚱한 음식 때문에 배가 더부룩한데 지구 환경이
무슨 상관이겠어요. 우리가 사랑하는 것들을 모아두고
근사하게 취할 수 있는 장소를 만들어 보려 했어요. 내추럴
와인을 취급하는 것도 그런 맥락에서죠. 그저 유행을
좇기 위해서가 아닌 땅의 이야기를 듣고 자연과 공존을
고려하는 생산자의 철학과 만들어가는 방식에 공감했기
때문이에요.

처음 파도식물 용기를 오픈했을 때, 임의로 시그니처
메뉴를 정해두는 대신 날마다 다른 요리들을 선보였죠.
메뉴의 일관성이 없는 게 제법 용기답다고 생각했어요.
특히나 첫 메뉴를 감자 사라다빵으로 내놓았지요. 어떻게
사라다빵을 첫 타자로 삼게 되었나요?
사라다라면 다들 한마디씩 이야기하고 싶을 거예요.
찐 감자, 달걀, 고소한 마요네즈 냄새, 사이사이에
리드미컬하게 씹히는 양파와 오이. 누군가는 설탕이
비법이기도 하지요. 어떤 집에선 콘 옥수수나 햄이
들어가기도 했을 테고요. 집마다 엄마의 레시피가 달라서
더 재미있는 음식이에요. 특별한 맛까진 아니지만 좋았던
기억 덕분에 더 맛있게 느껴지지요. 우리들의 작은 용기는
어쩌면 거기에서부터 시작되었는지도 모르겠다는 생각에
어수룩한 요리를 용기의 첫 메뉴로 소개해보았어요.

식물을 키우고 소개하는 일과 음식을 만들고 내어주는
일은 어떤 점이 같고 다른가요?
"꽃을 하는 사람은 정직합니다." 자주 다니는 도매 시장에
가면 어느 화원 앞에 이런 글귀가 쓰여 있어요. 처음
보았을 때 이 문장의 무게감이 느껴져 한동안 앓았던 적이

있어요. 저 문장에서 목소리가 들리는 듯했거든요. "젊은 친구, 식물을 하는 사람은 정직해야 합니다." 본인의 업에 대해 누가 이렇게 과감하게 마침표를 찍을 수 있겠어요. 그만큼 오래 곱씹게 되는 문장이었어요. 식당 운영도 마찬가지죠. 식물과 음식은 절대 거짓말을 할 수 없지요. 작은 차이가 있다면, 식당은 반응이 꽤 즉각적이에요. 드실 때의 표정과 가시고 난 후의 잔과 접시를 보면 맛있게 드셨는지 아닌지 알 수 있죠.

용기를 가꾸시는 동안 여러 질문을 거듭하셨던 거 같아요. SNS 속 한 게시글에 그간의 고민들을 적어두셨는데요. "왜 식물이어야 할까?"로부터 시작된 물음은 "사람도 식물도 다치지 않을 방법은 무엇일까? 식사를 하고 술을 마시는 사람과 식물을 구매하는 것이 동시간에 이루어질 수 있을까? 사람의 동선이 먼저일까? 식물의 세팅이 먼저일까? 식사하면서 느끼는 아름다운 식물의 모습은 무엇일까?" 등 여러 갈래로 뻗어나갔지요. 그러다가도 다시 "왜 식물이어야 할까?"로 귀결되더라고요. 용기를 운영하면서 이에 대한 답을 조금 찾으셨나요?
용기를 10년쯤 운영하게 된다면, 그때 저희 팀과 공간의 모습이 그에 대한 답이 될 수 있지 않을까요? 정성과 진심이 담긴, 변하지 않은 접시 하나. 부담스럽지 않은 친절과 공간을 채운 사람들의 미소. 그것들이 시간이

© 파도식물

지나며 점점 쌓여야만 '역시 식물이어야만 했구나.' 하지 않을까요? 한 가지 재미있는 점은요, 저희 공간은 자라고 있다는 거예요. 언젠가 다시 이곳을 찾았을 때 식물들이 더 자란 장면을 보는 일 또한 용기를 즐기는 방법이 되지 않을까 싶어요.

공존은 이해와 상상에서 비롯되는 일이지 않을까 싶은데요. 식물의 마음을 읽고 소통하는 일을 하고 계신 파도식물은 식물의 언어를 어떻게 해석하고 받아들이고 있나요?
이해와 상상이라는 말에 공감해요. 리처드 파워스Richard Powers의 장편 소설 《오버 스토리》에 보면 이런 비유가 나옵니다. "지구라는 행성의 지금까지 역사를 딱 하루라고 했을 때, 동물과 식물이 나누어지는 것은 하루의 3분의 2가 흘렀을 때쯤, 저녁 9시에 해파리와 벌레들이 나타나고, 식물들은 밤 10시가 되기 직전에 육지로 올라온다. 인간은 자정이 되기 4초 전에 나타난 생명체다. 나무의 세계에 인간은 막 도착했다." 우리는 딱 화분만큼의 흙에 식물을 앉혀 두고, 주 1회 그에 물을 주며 주인의식을 느끼지요. 인간은 식물에게 의지해 살아가는 존재지만 사실 식물은 당신이 필요 없을지도 몰라요. 식물에게 우리는 이방인이자 침략자니까요. 저는 공기 정화 식물이라는 말을 정말 싫어하는데요. 사실 공기는 정화될 필요가 없는 편이 더 좋았을 거예요. 식물은 인간보다 더 상위 존재예요. 코로나건 챗지피티Chat GPT건 식물의 언어에는 없는 개념이죠. 지구의 가장 늦은 세입자로서 최소한의 염치는 갖춰야 하지 않을까요?

견주인 분들은 반려동물과 육성으로 대화할 수 있게 된다면, "사랑해."가 아닌 아플 때 "아파."라는 말을 할 수 있기를 바라더라고요. 식물과 대화하게 된다면 어떤 이야기를 나누고 싶으신가요?
잔소리를 하도 많이 들을 것 같아서 대화하고 싶진 않은데요(웃음). 무엇보다 제 마음이 어떠하건 식물은 상관없을 거예요. 식물은 그냥 자기 뜻대로 자랄 테니까요.

식물과 함께하는 동안 어떤 사람으로 성장했나요?
성장까진 잘 모르겠지만요, 어쩔 땐 이런 생각이 들어요. 풀지 않아도 되는 인생의 문제집을 한 권 더 마주하고 있는 느낌이요. 귀찮기도 하고 단원이 넘어갈수록 어렵기도 하죠. 제3의 외국어처럼 느껴져요. 앞서 말했듯이 파도식물은 먼저 식물을 추천하지 않아요. 모두 알고 있겠지만 식물 따위 안 키워도 사는 데 문제는 없어요. 하지만 운동과 함께 가는 삶이 운동과 함께하지 않는 삶과 전혀 다르듯 모든 게 마찬가지 아닐까요? 저희야

식물이라는 언어 다양한 프로젝트를 진행하며 보람도 찾고
돈도 벌고 있으니 좋지만요.

**용기의 룰 중 여섯째 항목은 "각자 나다운 것이 용기다운
것이다."지요. 그렇다면 파도식물다운 것은 무엇일까요?**
파도식물과 용기. 저희 팀은 뭐랄까, 구김이 없어요.
씩씩하게 잘 먹고, 잘 마시고, 또 잘 놀아요. 여기에서
나오는 귀여운 에너지로 각자의 자리에서 최선을 다하고
있지요. 앞으로도 우리다웠으면 하는 게 있다면, "나에게
솔직하고, 나에게 쪽팔리지 않았으면."

파도식물은 잘 안 죽는 사람 없듯이, 잘 안 죽는 식물도
없다고 당차게 말한다. 인간은 이런저런 이유로 식물을
필요로 해도, 식물들은 인간을 필요로 하지 않는다고.
그럼에도 이왕이면 식물과 인간이 함께 잘 먹고 잘 살아갈
수 있는 세상이 오기를 바란다. 그들이 보낸 식물들이
파도를 타고 널리 널리 가서는 누군가의 곁에 잘 정착해 잘
살아가기를 염원하며, 돌아오지 않아도 될 안부를 전한다.

자연의 가장 자연스러운 모습을 담아내기 위해, 먼발치에
서서 지그시 바라보는 일. 그렇게 거리를 두고 동경하는
마음. '대자연을 동경하는 도시생활자'란 수식은 자연을
대하는 윔그레이테일의 태도를 고스란히 보여준다.

담백하게 그려낸 동경

김한결·이현아─윔그레이테일

에디터 오은재
포토그래퍼 최모레

초대해 주셔서 감사해요. 자기소개 먼저 시작해 볼까요?

한걸 저는 웜그레이테일의 일러스트레이터 김한걸입니다.

현아 브랜드의 전반적인 운영과 디렉팅을 담당하는 이현아라고 해요.

최근에 리빙디자인페어 준비로 많이 바쁘셨죠?

현아 꽤 오랜만에 준비하는 페어였어요. 2017년부터 19년까지 3년 연속 참여하다 코로나19가 터지고 저희 쇼룸을 오픈하기 시작한 뒤로 안 나갔거든요. 왜냐하면 페어 준비가 진짜 힘들어요. 제가 2019년 페어쯤에 개인 SNS에 "신청한 내 손가락 부러뜨리고 싶다."고 적었더라고요(웃음). 그만큼 상상을 초월할 정도로 에너지를 많이 소비해요. 그런데 저희가 팬데믹 기간에 몸을 많이 사렸거든요. 2년째 활동을 자제하다 보니, 이젠 좀 한 방이 필요하다는 생각이 들어서 한걸 씨에게 이야기를 슬쩍 꺼내보았죠. 매번 페어 준비할 때마다 한걸 씨 설득하는 게 의례 중 하나였거든요(웃음). 생각보다 흔쾌히 하자고 하더라고요.

어떤 심경의 변화가 생기셨길래!

한걸 저희 브랜드가 인스타그램으로 고객분들과 소통하고 있는데요. 어느 순간부터 조금 정체된것 같다는 생각이 들었어요. 요즘은 확실히 숏폼이 대세인 것 같은데, 그건 저희 영역이 아닌 것 같더라고요. 그래서 오프라인으로라도 꾸준하게 무언가를 보여주어야겠다고 생각했죠. 작년 겨울에 백화점에서 팝업스토어를 열었는데 반응이 꽤 좋았던 지라, 저희를 찾아주시는 분들과 만나 뵐 수 있는 기회를 자주 마련해 봐야겠다 싶었죠.

이번에 송월타월이랑 수건을 제작하셨더라고요. 저번엔 삭스타즈랑 양말을 출시했고요.

한걸 이왕이면 일상에서 많이 사용하는 제품들을 만들고 싶었어요. 저희가 주력으로 선보이는 액자는 지속적으로 구매하기에 어렵잖아요. 그에 비해 양말이나 수건은 쓸 때마다 닳고, 마음에 들면 몇 장씩 사기도 하니까요. 고객들이 계속 저희를 찾도록 장치를 마련하려 했죠. 무엇보다도 일러스트레이터들이 요즘 브랜드를 론칭하는 경우가 되게 많아요. 서울일러스트페어만 구경하러 가도 깜짝 놀라거든요. 여기 나의 경쟁자들이 다 모였네(웃음), 싶죠. 처음 브랜드 시작할 때 가장 접근하기 좋은 것이 문구류나 컵 같은 소품이에요. 저희 브랜드가 계속해서 성장하려면 시작하는 브랜드들이 도전하기 어려운 제품들을 시도하면서 진입장벽을 높여야 겠다 싶었죠. 사실 이전부터 해보고 싶었는데, 적당한 때가 오기만을 기다렸어요. 지금은 그 기반이 마련돼서 좋은 기회로 진행하게 되었고요.

웜그레이테일 이야기를 하려면 두 분의 만남에서부터 시작해야 할 것 같아요. 9-10년 동안 연애를 하다 브랜드를 차리셨다고 들었어요.

현아 한걸 씨가 제 학교 선배예요.

한걸 현아 씨 1학년 때, 저는 휴학을 하고 웹디자이너로 직장 생활 중이었어요. 3월에 학교에 놀러 왔다가 신입생인 현아 씨를 본 거죠. 한 5월쯤부터 만나기 시작해서 19년째 함께하고 있어요.

거의 인생의 반을 함께한 거나 다름없네요(웃음). 작가님이 끊임없이 함께 회사를 차리자고 설득한 끝에, 디렉터님이 다니던 직장을 그만두고 함께 일하기 시작하셨다고 들었어요. 안정적인 직장을 나와 자영업의 세계로 뛰어드는 게 무섭진 않으셨어요?

현아 사실 되게 가볍게 시작했어요. 물론 일을 그만두기까지 고민이 많긴 했죠. 그때가 아마 회사 생활 6년 차였을 거예요. 최선을 다했다고 자부할 정도로 열심히 다녔거든요. 회사 다니는 내내 한걸 씨가 같이 일하자고 했어도 한 번도 흔들리지 않을 정도였어요. 그간 나의 회사 생활을 돌아보던 시기여서 그런지 생각이 많아지더라고요. 회사에 다닐 때와 사업할 때 장단점을 적어두고 비교하기도 했거든요. 막상 나올 때는 마음 편하게 나왔어요. 망해도 된다, 1년 정도는 다른 일 해도 언제든지 돌아갈 수 있겠지 싶었죠.

두 분 다 뭔가를 시도할 때 크게 겁을 먹지 않는 편인가 봐요.

한걸 저 같은 경우엔 극적으로 무언가가 바뀐 건 아니었어요. 어차피 계속 프리랜서를 하던 중이라, 브랜드 준비를 하면서도 계속 일은 하고 있었어요. 현아 씨 환경이 많이 바뀌었죠.

현아 저는 회사 나오고 나서 한걸 씨에게 못을 박아뒀어요. '1년 동안은 아무것도 하지 않고 쉬면서 브랜드 준비에 전념하겠다.'고요. 전 정말 그 시기가 꿀 같았거든요(웃음). 불안도 없고 뭔가를 시작해야 한다는 설렘으로 가득 차 있었죠. 오히려 브랜드를 더 재미있게 준비할 수 있었어요. 그런데 한걸 씨는 정말 제가 아무것도 안 할 줄 몰랐나 봐요.

한걸 저는 당시에 고민이 많았거든요. 서로 다른 생각을 하고 있던 거죠(웃음).

둘 다 고민이 많았으면 오히려 시작할 엄두조차 못 냈을 것 같아요.

현아 한걸 씨는 평소에도 생각이 많아요. 저는 고민이 별로 없고요. 연애할 때도 한걸 씨가 홀로 잠겨 있는 순간이 되게 많았는데, 저는 그때도 '그런가 보다.' 싶었어요. 예를 들면 심리 관련된 책이 곁에 쌓여 있으면, 저는 그냥 '요즘 감정에 관심이 많나 봐?' 하고 넘어갔는데요. 알고 보니 한걸 씨는 침울한 시기를 지나가고 있었던 거죠. 그랬던 적이 좀 많아요.

한걸 그럴 때마다 인생은 역시 혼자구나(웃음), 하고 느껴요. 근데 또 현아 씨가 제 기분에 잘 동화되진 않아서 오히려 기분 내키는 대로 지내고 있어요. 어떤 날엔 제가 현아 씨 흥에 숟가락을 얹기도 하고요.

현아 저는 울이 없어요. (옆을 가리키며) 여긴 울이 많고요. 저는 대신 흥과 화만 있어요. 회복 탄력성이 좋아서 그마저도 오래 안 가지만.

월그레이테일은 일상에서 작은 귀여움과 편안함을 선사해 주는 브랜드죠. 저도 기분 전환을 하고 싶을 때나 일상에서 소소한 즐거움이 필요할 때 월그레이테일 양말을 꺼내 신고, 컵을 사용하거든요.

현아 예전에는 '귀엽다'는 얘길 들을 때마다 좀 놀랐어요. 저희 브랜드 제품이나 그림을 한 번도 그렇게 생각해 본 적이 없거든요. 그걸 인정하기까지 되게 오랜 시간이 걸렸어요. 지금은 저희도 이에 대해 인식하고 "그렇구나"하고 수긍하고 있어요. 100퍼센트 중에서 약 50퍼센트는 귀여운 느낌을 가져가려 해요.

한걸 사실 저는 자연의 동식물이 야생에서 어떻게 살아가고 있는지 보여주려 했거든요. 제일 먼저 세운 원칙 중 하나가 '의인화하지 않기'였어요. 그래서 캐릭터를 만드는 것조차 지양했고요. 설령 제가 그린 일러스트 중 하나가 빵 터져서 인기가 많아진다고 해도, 그것만 계속 그리고 싶진 않았죠.

잘된 걸 끝까지 밀어붙이는 분들도 있잖아요.

한걸 반복하는 걸 금방 실증 내는 편이에요. 무엇보다도 저는 정해 둔 소재들을 어떤 의도를 담아 표현하기 보단 제가 장면을 보며 받았던 인상을 그림에 잘 담아내고 싶거든요. 동물을 그릴 때도 '귀엽게 그릴 거야!'가 아니라 생명체를 볼 때 느끼는 사랑스러운 마음을 담으려 해요.

애정이 그림에 스며있어서 다들 귀엽게 느끼나 봐요. 월그레이테일 그림은 단순해 보이지만 미묘한 디테일이 생명인 것 같아요.

한걸 브랜드 차원에서 다양한 제품에 제 그림을 적용하려면 어디에 들어가도 잘 어울릴 만한 그림이 필요하긴 했어요. 그런 느낌이 제 취향이기도 하고요. 돌이켜 생각해 보니 제가 예고를 다닐 때, 크로키 수업 성적이 가장 좋았어요. 열댓명 정도가 한 조가 되어 번갈아 가면서 가운데에 서서 모델을 했고, 선생님께서

스톱워치로 30초 시간을 재면 8절 스케치북에 목탄으로 친구의 포즈를 빠르게 그려야 했지요. 최대한 단순하게 그리는 게 핵심이었는데 그 방식이 재미있었어요. 프리랜서로 일하면서 묘사적인 그림을 그릴 일이 많았지만 오히려 빼면 뺄수록 흥미로워 하는 성향인 거 같아요.

월그레이테일은 산과 바다, 생물을 소재로 작업을 하죠. 자연 속에 존재하는 것들이 무궁무진하게 많으니 소재가 떨어질 일도 없겠어요. 소재는 보통 어떻게 길어오는 편이신가요?

한걸 사진이나 다큐멘터리 영상을 좀 많이 보는 편이에요. 넷플릭스 같은 데 자연 다큐멘터리가 참 많잖아요. 웬만한 건 다 봐요. 동물 나오는 유튜브도 많이 보고요. 〈나의 문어 선생님〉을 재미있게 봤는데 너무 똑똑해서 충격받았어요. 제가 문어 숙회를 좋아했는데, 그걸 보니까 이상한 마음이 들더라고요.

작가님께선 자주 동물에게 이입하시나 봐요. "늑대의 눈빛에서 육체 노동의 피로가 느껴졌다."라는 문장을 적어두신 걸 봤는데, 오래 관찰한 사람만이 알 수 있는 미묘한 감정처럼 느껴졌거든요.

한걸 다큐멘터리를 보면 자연스럽게 그런 생각을 하게 돼요. 근데 그 늑대가 진정 그런 생각을 하는지는 잘 모르겠어요(웃음). 그냥 제 해석이고 느낌일 뿐이죠. 저희가 키우고 있는 고양이들만 봐도 그렇거든요.

아짱이랑 야스, 맞죠? 디렉터님 SNS에서 봤어요. 고양이 육아 일기가 적혀 있더라고요.

현아 저희끼리 종종 그런 얘기 해요. "대단하다." 저희 애들이 나이가 꽤 많아요. 열여덟 살이거든요. 사람으로 따지면 아흔 살 노인인데, 무언가 열망이 있으면 숨기지 않고 있는 그대로 표현하는 게 정말 경이로워요.

한걸 대신 동물들은 아픈 걸 숨겨요. 야생에서는 약점을 들키면 도태되니까요.

아짱이랑 야스도요?

현아 고양이는 개들보다 아픈 티를 잘 안 내요. 그래서 진짜 관찰을 잘해야 해요. 같이 사는 사람이 매일매일 관찰하고 기록하지 않으면 수명이 짧아질 수밖에 없거든요. 어느 날 병원에 갔는데 갑자기 일주일 남았다는 소식을 듣는 경우가 정말 많아요.

그걸 어떻게 느껴요?

현아 미리 신호를 계속 보내거든요. 미묘하게 알 수 있어요. 쉽진 않아요. 뒤늦게 알게 될 때도 있죠.

언어가 다른 생물을 온전히 받아들이기 위해선 몇 배의 노력이 필요한 것 같아요. 대화가 통하는 사람도 서로 이해하기까지 오랜 시간을 거쳐야 하잖아요. 아짱이랑 야스랑 함께하는 삶은 어때요?

현아 두 친구가 동갑인데 야스는 아직도 날아다녀요. 놀아주지 않음 잠을 안 자죠. 어릴 때 활동량 그대로예요. 아짱이는 많이 아파요. 아짱이가 열 살 때 제가 회사를 그만두었거든요. 그때 그러지 않았다면 아마 고양이별로 갔을지도 몰라요. 지금도 제가 밥에 영양제를 섞어서 먹여줘야 하거든요. 그렇지만 그렇게 해서라도 오래 잘 지내고 싶은 마음이에요. 힘들어도 다 해주고 싶어요.

한결 이 친구들은 실패에 대한 두려움이나 피로감 같은 게 없어 보여요. 될 때까지 시도하죠. 음식을 만들고 있으면 싱크대에 올라와서 그걸 뺏으려고 안간힘을 쓰는데, 그 모습을 보면 '선생님.' 하고 존경하는 마음을 품게 돼요.

두 분 작업 이야기를 마저 하고 싶은데요. 매년 달력을 만들고 계시지요?

한결 맞아요. 그랬는데요. 작년에 처음으로 달력을 안 만들었어요.

왜요?

현아 저희는 모든 소스가 한결 씨에게서 나와요. 한결 씨가

굉장히 중요한 역할이라, 지치는 순간이 오면 디렉터로서 힘을 내도록 북돋아 주고 있는데요. 브랜드를 운영한 시간이 오래되다 보니 한결 씨의 피로도가 꽤 누적돼 있었나 봐요.

"삼라만상이 소재이니 그릴 것은 무한할 것 같은데 샤프펜슬을 쥐고 먼저 드는 생각은 '아 뭐 그리지'. 삼라만상 〉나 〉그림 세 단계 중 '나' 구간에서 극심한 병목현상이 발생하니 결과물은 늘 가뭄이다."라고 메모해 두신 걸 봤어요.

현아 한결 씨는요, 모든 그림을 한 장 한 장 공들여서 그리는 스타일이에요. 그런데 달력 만드는 일은 열두 달의 여백을 채워야 하는 일이기도 하잖아요. 그중에서 몇 장 정도는 가벼운 스케치 하나로 채워도 될 것 같은데 한결 씨는 그렇게 넘어가고 싶지 않은 거죠. 모든 페이지를 부끄럽지 않은 그림으로 완성하고 싶은 거예요. 그런데 달력은 한 해가 끝나면 더이상 펼쳐 보지 않잖아요. 달마다 소비되고 끝나는 그림을 계속 그리려니, 들이는 힘에 비해 머무는 순간은 한정적이라 부담이 컸던 것 같아요.

한결 쉽게 말하면 '매너리즘'에 빠진 거죠. 매년 달력에 들어갈 그림들을 완성도 있게 작업하는 일이 버겁게 느껴졌어요. 밀린 숙제하듯 의무적으로 분량만 맞추다 보니 즐겁지가 않고 오히려 소진되는 기분이 들더라고요.

그림 좋아하시는 분들은 카페에 가서도 아이패드를
펼쳐 들고 즐겁게 그리잖아요. 저는 그림 그리는 일이
즐겁다기 보단 내가 넘어야 할 한계처럼 느껴져요. 어떤
면에서는 잘하고 싶은 욕구가 정말 크기 때문에 더 어렵게
느껴지기도 해요.

현아 저는 이걸 이해하는 데 조금 오래 걸렸어요. 어떤
작업을 할 때 '막연히 그림 그리는 걸 좋아할 것'이라고
생각하잖아요. 그렇지 않으면 이 일을 어떻게 계속할 수
있을까 싶은데, 한걸 씨는 그게 아니더라고요.

디렉터님께서 "어두운 방에 갇혀 고민하던 작가님께서
그린 미모사 그림을 발견하고선 눈을 떼지 못했다."는
소회를 적어 두셨는데요.

현아 저는 한걸 씨 그림이 정말 좋거든요. 이렇게 잘
그리는데, 왜 이걸 이렇게 묵혀 뒀을까 싶어서 되게 아까울
때도 많아요. 이 재능이 제 눈에는 너무나도 반짝반짝 빛나
보여요. 그래서 아낌없이 보여주고 싶고 지치지 않는 환경을
만들어주고 싶어요. 그래서 한걸 씨의 리듬을 존중해야겠단
생각을 점점 하고 있죠. 그래서 요즘 저희 목표는 한걸 씨가
충분히 쉬면서 그림 그리는 시간을 확보하는 거예요.

그럼 이제 달력은 더 이상 안 만드시는 건가요?

한걸 당분간은 그럴 것 같아요. 언젠가는 다시 하고 싶은

마음이 있어요. 약속하긴 어렵지만요.

현아 저희가 처음에 달력을 냈을 때, 이렇게 오래 할
생각은 아니었어요. 한 해의 끝자락마다 기다려 주시는
분들이 조금씩 늘어나면서 어느 순간부터 저희 브랜드의
가장 중요한 제품이 되었지요. 어떤 분께선 달마다
어떤 그림이 수록되어 있는지 모르고선 구매하신다고
하더라고요. 새 계절이 오면 어떤 그림이 나올까 설레는
마음으로 펼쳐본다고요. 그렇게 기다려 주시는 분들이
많다 보니 사실 쉽지 않은 결정이었어요.

한걸 작년 한 해 동안 브랜드 차원에서 고민이 정말
많았거든요. 이런저런 변화를 주기 위해 시도를 많이
해보았는데, 기존에 하던 일들과 병행하려다 보니 감당이
안되더라고요.

현아 지금까지 지속해오고 있던 것들을 조금 놓아야
사람들에게 새로운 제품들을 선보일 수 있을것 같았어요.
그 중 하나가 달력이었고요. 엄청난 모험이었지만,
내려놓고 나니 이번 페어에서 좋은 반응을 끌어낸 것
같아요. 저희는 수건이 이렇게 반응이 좋을지 몰랐거든요.
희망을 본 기분이에요. 조금 더 사람들 곁에서 오래 함께할
만한 물건들을 만들고 싶어요.

작가님께서 포셋 한편에 남겨 두고 오신 브랜드 소개
글을 보았는데요. "대자연을 소재로 한 그림을 주로

그리고 있지만 저희 역시 대자연과 가까운 생활을 하고 있지는 못합니다. 다른 많은 사람들처럼 그저 대자연을 동경하는 도시 생활자이지요." 그 문장에 많은 분이 공감하실 것 같았어요. 그렇다면 두 분께서는 자연을 어떤 방식으로 누리고 있나요?

현아 망원 한강공원에 진짜 자주 가요. 망원동 사시는 분 중에서 한강 자주 안 가시는 분들도 정말 많더라고요. 해운대 사는 사람들이 바다 구경 잘 안 가듯이요. 그런데 저희는 이사 온 뒤부터 한강을 걷는 게 일상이 됐어요. 매일 같은 풍경을 봐도 매번 아름답다고 느껴요.

주로 산책 코스가 어떻게 돼요?

현아 저희가 망원동에서 이사를 서너 번 정도 했어요. 이사한 집 위치에 따라 코스가 조금씩 바뀌긴 했지만 결국 진입로만 다를 뿐이지 걷는 구간은 같아요. 망원동에 처음 온 게 2012년이었는데요. 결혼을 앞두고 어떤 지역에 사는 게 가장 좋을까 고민했는데, 그때 한걸 씨가 한강을 처음부터 끝까지 다 걸어봤어요.

세상에, 진짜요?

한걸 한 서른쯤부터 앞으로 어디서 살 것인지에 대해 고민했어요. 20대 때는 학생이니까 그냥 학교 근처에서 지냈거든요. 거기서 살고 싶진 않았지만, 생활 반경에 맞춰서 어쩔 수 없이 그래야만 했던 거죠. 그러다 서른이 되었으니 내가 살 곳을 잘 찾아보고 싶었어요. 기왕이면 한강으로 바로 나갈 수 있는 동네면 좋겠더라고요. 아시겠지만, 한강 근처는 대부분 대단지 아파트가 장악하고 있잖아요. 그런 구간을 제외하면 망원이나 합정 혹은 한남동밖에 없었죠. 한남동은 빌라나 주택이 대부분 언덕에 자리 잡고 있다 보니, 경사진 곳은 또 싫다는 생각에 뺐어요. 그러니 자연스럽게 망원동이 남더라고요.

도시 근처에 여러 자연이 존재하는데, 왜 하필 강이었어요?

현아 일단 산책로가 잘되어 있음 좋겠다는 생각을 많이 했어요. 저는 시골에서 유년기를 보냈는데요, 엄청난 대자연과 함께 지냈죠. 근데 드라마를 보면 서울 사람들은 매번 한강에 가는 거예요. 그것만 보고 다들 한강에 자주 가는 줄 알았는데, 막상 그렇진 않더라고요. 그래도 그렇게 살고 싶었어요. 가끔 가족들 보러 오거나 미술 대회에 참가하려고 서울 올 일이 있었어요. 지하철을 타고 양화대교 부근을 지날 때면 햇빛이 내린 한강이 너무 아름다워 보였거든요. 그걸 보면서 처음으로 '나는 어떻게 해서든 서울에서 살아야지.' 싶었어요.

기대가 컸으면 실망할 법도 한데, 한강은 그렇진 않았나 봐요.

현아 한강은 점점 좋아지는 것 같아요. 환경을 좋게 조성해 두기도 했지만, 나무들이 자라면서 점점 우거져 가는 모습이 보기 좋아요. 10년 전에 미국에 갔던 제 친구도 작년 여름에 한국에 들어왔다 한강을 보고 깜짝 놀라더라고요. 한강이 이렇게 예뻤냐며 해마다 오고 싶다고 했어요. 저희는 둘 다 걷는 걸 좋아해서 같이 걸으면서 이런저런 이야기를 많이 나누곤 해요.

한걸 주로 일 이야기 해요(웃음).

현아 사실 최근엔 페어 이야기만 계속했어요.

그럼 소소한 자연 말고 어마어마한 규모의 자연은 본 적이 없나요?

한걸 저는 대자연을 동경하는 것과는 별개로 야생성이 있는 활동을 좋아하진 않아요. 완전히 자연과 나만 존재하는 곳은 살짝 무섭거든요. 걱정이 많은 성격이라 다큐멘터리나 트래킹하는 유튜버들을 보면 동물들한테 물려 죽는 건 아닐까 우려가 되기도 해요. 그래서 안전한 집에서 화면을 통해 감상하는 걸로 만족하고 있죠.

현아 저희는 여행을 자주 다니는 편은 아니에요. 회사 일이 바쁘다 보니 어디 멀리 나가기도 어렵고요. '어딜 가야겠다!' 싶으면 보통 도시로 떠나곤 해요. 휴양지 가서 쉬는 것보다 뭐라도 좀 배워 오는 편이 훨씬 도움이 될 것 같아서요.

자연을 동경하지만 가까이할 수는 없는 전형적인 현대인의 삶을 살고 있네요. 요즘 여러 브랜드가 지속가능성에 대해서 고민하고 있죠. 웜그레이테일 또한 책임감을 어느 정도 느끼고 있을 것 같아요.

한걸 맞아요. 저희도 고민이 많은 부분이에요. 우선 패키지 개발에 힘쓰고 있어요. 사실 내용물이 훨씬 중요하긴 하지만, 당장 저희가 자체적으로 제품 소재를 개발 할 수는 없으니 일단 할 수 있는 것부터 해보자 싶었죠. 그러다 보니 플라스틱 패키지가 눈에 들어왔어요. 투명 플라스틱의 가장 혁명적인 부분이 내부가 보이는 거잖아요. 그 편리함 덕분에 많은 브랜드에서 플라스틱 패키지를 사용하고 있고요. 아무래도 플라스틱 소재가 지구에 치명적인 영향을 끼치다 보니 최대한 교체하고 싶었어요. 그런데 단일 소재이면서 재활용하기에 적당한 건 종이밖에 없더라고요. 종이로 상자를 제작할 경우엔 개봉 전까진 내용물을 확인 할 수 없으니, 브랜드 내에서도 고민이 많았어요.

딜레마를 겪었군요.

현아 유통과 판매에 있어서 불편함이 생길 수 밖에
없으니까요. 아직은 친환경 패키지 제작이 상용화되지
않았다 보니 비용이 더 많이 들기도 하고요. 그렇지만
저희가 감수해야할 문제라고 생각했어요. 그런 작은
노력이라도 알아봐 주시고 좋게 봐주시는 분들이
있으니까요. 최근에는 홈페이지 리뉴얼을 하면서 '지구를
위한 노력'이란 페이지를 따로 만들었어요.

'지구를 위한 노력'이요?

현아 이제부턴 웜그레이테일이 지구를 생각하며 어떤
고민과 노력을 하고 있는지 조금씩 이야기를 해보려고요.
이전에는 온 힘을 다해 노력하고 있는 사람들 눈에는 택도
없을 것 같아서 섣불리 이야기를 못 꺼냈어요. 역효과가 날
것 같았거든요.

용기가 생긴 거네요.

현아 최근에 처음으로 무접착 액자 패키지를 도입했어요.
저희가 액자용 박스랑 택배 박스를 제일 많이 사용을
하는데요. 액자 하나 나갈 때 상당히 많은 포장 자재가
쓰이거든요. 뽁뽁이랑 비닐을 줄이는 것만으로도 도움이
되겠다 싶어서 종이로만 고정할 수 있는 방식으로
보완해달라고 박스 제작 업체에 부탁을 드렸어요. 이런
시도를 조금씩 해나가고 있으니, 이젠 이야기를 해봐도
되지 않을까 결심이 서더라고요. 그렇지만 저흰 이제
첫 걸음마를 시작했을 뿐이에요. 아직 부족한 부분이
너무나도 많지만, 제품과 패키지 제작 과정에서 차츰 바꿔
나가보려고 해요. 앞으로 지속적으로 웜그레이테일만의
목소리를 내봐야죠.

1.

2.

3.

4.

1. June, 2020, Fjord

송네 피오르는 총 길이 약 200킬로미터. 최고 수심은 약 1킬로미터로 피오르 중에 가장 크다. 피오르는 빙하에 의해 기반 암석이 침식되고 빙하가 사라진 자리에 바닷물이 들어온 지형을 뜻한다. 강처럼 보이는데 바다라고 하니 신기하다. 사전에서는 친절하게도 몇 장의 그림까지 준비하여 피오르의 생성 과정을 설명하고 있지만 그 작용의 규모나 기간 등의 단위가 어마어마해서 짧은 시간을 사는 나에게는 잘 와닿지 않는다.

2. May, 2020, Tree & Bears

곰 남매 세 마리가 나무에 올랐다. 무슨 목적이 있어서가 아니라 그저 오를 수 있으니 오른 것이겠지. 하지만 목적 없이 시도한 일에서도 때로 성취감을 느끼게 된다. 앞선 두 마리보다 조금 뒤처진 꼴찌 녀석을 포함하여 셋 모두가 작은 성취감을 느끼고 있음을 표현하고 싶었다.

3. February, 2022, Whales

지구 나이는 46억 년. 멸종한 공룡을 포함하여 지구 역사상 가장 큰 동물은 흰긴수염고래다. 지구 역사에서 가장 큰 동물이 바로 지금 살아있고 작은 모니터 화면을 통해서라도 잠시 엿볼 수 있다니 신기하다. 좋은 기분이 든다. 커다란 존재에게 느끼는 경외감.

4. November, 2022, Your Eyes

암체어 팔걸이에 오르니 눈높이가 비슷하다. 항상 보고 싶은 너의 예쁜 눈. 특정 품종으로 보이지 않았으면 해서 노란색, 파란색, 초록색 등 현실의 고양이에게 없는 색을 입혀보았는데 마지막에는 노란색을 골랐다. 둘만의 유대감을 표현하기 위해 동거인의 옷은 인접한 색으로 조금 밝게 칠했다.

좋아해 그리고 미안해

글 이주연   일러스트 세아추

나란히 살고 싶다고, 염치없이 생각했다.

AH Alfred Hitchcock
The Birds (1993)

새는 사람을
공격하지 않아요

나는 새다. 평화로운 항구 마을에 살고 있는 새다. 여느 새들처럼 날아다니는 걸 좋아한다. 바다 위를 낮게 날면서 물에 살짝 발을 부딪기도 하고, 다른 새보다 높이 날아 허공을 거침없이 비상하기도 한다. 가끔 어린 사람들이 새총이랍시고 고무줄에 돌멩이를 튕겨 나에게 날리기도 하는데, 푸드덕거리며 날아가는 것이 결코 무서워서는 아니다. 돌에 맞아 깃털이라도 빠지면 아까우니까, 멍이라도 들면 골치 아프니까, 그 정도일 뿐이다. 조금 지루하고 대체로 평화롭게 살아가고 있는데, 어느 날 우리 마을에 새들이 하나둘 몰려들기 시작했다. 보아하니 옆 동네에서 온 새도 있고, 좀더 멀리서 온 새도 있다. 전선에 하나둘 촘촘하게 모여 앉는 낌새가 좀 이상하다. 한 녀석이 금발 머리의 여자한테 달려든다. 머리카락을 높이 묶어 고정한 우아한 여성인데, 부리로 건드리니 금세 머리카락이 삐죽삐죽 솟아오른다. 여자가 놀라 비명을 지른다. 새가 첫 부리질을 시작하자 다른 녀석들도 바삐 달려들기 시작했다. 새 부리로 사람 피부를 쪼아대면 아플 텐데, 슬슬 걱정되기 시작한다. 갑자기 왜들 이러는 거지? 나는 사람 가까이 가지 않기 위해 애쓰는데 이 녀석들은 왜 사람들을 공격하려 들지? 어느새 전깃줄 위는 새들로 빽빽해졌다. 나 또한 새인데 여기 함께 있기가 거북하다. 슬쩍 일어나 날아가려는데 옆에 앉아 있던 새가 무심하게 말을 건다. "웬만하면 바닷물 마시지 마. 얼마 전에 몬터레이만에 있던 검은슴새들이 멸치를 잔뜩 토하고 여기저기 머리를 처박은 거 알고 있지? 듣자 하니, 바닷물 속에 이상한 게 있다나 봐." 처음 듣는 이야기였지만, 이미 알고 있다는 듯 고개를 끄덕이고 높이 날아올랐다. 바닷물에 이상한 게 있다고? 물 가까이 낮게 날다가 솟구쳐오르는 게 나의 장기였는데, 왠지 하고 싶지 않아졌다. 이 마을로 날아온 새들은 좀 이상했다. 난폭하고, 흉악했다. 앞에 뭐가 있는지 생각하지도 않고

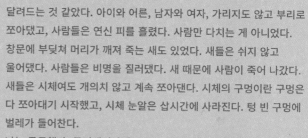

달려드는 것 같았다. 아이와 어른, 남자와 여자, 가리지도 않고 부리로
쪼아댔고, 사람들은 연신 피를 흘렸다. 사람만 다치는 게 아니었다.
창문에 부딪쳐 머리가 깨져 죽는 새도 있었다. 새들은 쉬지 않고
울어댔다. 사람들은 비명을 질러댔다. 새 때문에 사람이 죽어 나갔다.
새들은 시체여도 개의치 않고 계속 쪼아댄다. 시체의 구멍이란 구멍은
다 쪼아대기 시작했고, 시체 눈알은 삽시간에 사라진다. 텅 빈 구멍에
벌레가 들어찬다.
나는 궁금했다. 몬터레이만에서 무슨 일이 일어난 거지? 다시 그 새를
찾아가 물었다. 1961년 8월, 미국 캘리포니아주 북부 몬터레이만에서
유독성 플랑크톤이 출몰했다. 아무것도 모른 채 물을 마신 새들은 어느
순간 방향을 상실했다. 가려움을 호소하면서 발작을 일으키기도 했다.
매일 이들이 토해내는 멸치가 산처럼 쌓여갔다. 바위와 건물에 부딪치며
피를 흘리며 죽어갔다. 그리고 새들은 결심했다. 바다에 독성이 강한
플랑크톤을 만들어낸 것들을 처단하자고. 소중한 형제, 자매를 죽인
사람들을 혼내 주자고. 그렇게 몬터레이만에서 모여든 새들이 우리
마을까지 닿은 것이었다. 나는 무서웠다. 오염된 바다가, 미쳐버린
새들이, 죽어 나가는 사람이. 어떻게 해야 할지 몰라서 사흘째 허공만
빙빙 떠돌고 있다.

프리윌리

Free Willy

(1993)

Simon Wincer

You Can Do It, Come On! Come On!

나는 고래다. 7천 파운드, 그러니까 3천 킬로그램이 넘는 거대한 범고래다. 내 집은 태평양이다. 나는 깊고 푸른 물속을 헤엄치거나 눕고, 엎드리고, 허리를 구부리거나 풀쩍 뛰어오르는 걸 좋아한다. 고래잡이라 불리는 사람들이 나타나기 전까지, 나는 그냥 평범한 범고래일 뿐이었다. 여느 날과 같이 헤엄치며 시간을 보내던 날이었다. 나는 눈 깜짝할 새 가족들과 헤어졌고, 노스웨스트 어드벤처 파크에 갇혔다. 사람들은 나를 위해 거대한 탱크를 구해 놓았다며 좋아했지만, 그건 나에게 좁은 수조에 불과했다. 매일 바닷물을 타고 가족들의 소리가 들려온다. 나를 찾아 울부짖는 소리다. 사람들은 비명을 못 들은 체하며 나한테 말을 걸거나 음식을 준다. 밥을 먹었으니 재주를 부리라고 한다. 휘파람을 불면 뛰어오르라고, 공을 던지면 머리로 받으라고…. 생각이 없는 건가? 사방이 막혀 있는 곳에서 내가 재주라도 부렸다간 다 무너져 버릴지도 모르는데. 지쳤다. 답답하고 지루하다. 언제까지 이렇게 좁은 곳에서 단조롭게 지내야 하지? 평소와 다를 바 없던 그저 그런 밤, 재미있는 일이 생겼다. 캄캄한 수족관에 누군가 들어온 것이다. 조련사의 발소리는 아니었다. 그것보다 좀더 작고 종종거리는 발소리, 얕은 진동. 이 어두운 밤에 여기 올 사람은 많지 않았다. 귀찮으면서도 궁금한 마음에 눈을 뜨고 주변을

둘러보는데 웬 어린아이가 수조 앞에 선다. 조련사보다 한참 작아서
시선을 내려서 눈을 가늘게 떠야만 볼 수 있는 크기의 아이였다. 아이는
수조 벽을 더럽히기 시작한다. 매일 조련사가 닦고, 또 닦는 곳인데 저
조그만 아이가 더럽힌다고?

다음날부터 아이는 수족관에서 청소를 시작했다. 잘은 모르겠지만
친구들은 도망가고 혼자만 붙잡힌 모양이다. 마치 태평양에서 나만
잡히고 가족들은 바다에 남아 있는 것처럼, 녀석도 비슷한 처지였다.
녀석은 어느 날부터 내 앞에서 자꾸 하모니카를 분다. 사람들은
나에게 재주를 부리라고 하는데, 이 아이는 내 앞에서 재주를 부린다.
이런 경험은 처음이다. 어느 날은 어디서 생선을 구해와 먹여줬는데
조련사들이 내미는 것과는 확실히 다른 맛이다. 싱싱하고, 달콤하다.
아이는 나에게 바라는 게 없었다. 그래서 좀 다르다고 생각했다. 나는
아이가 하모니카를 불면 리듬을 타고, 웃기도 했다. 한 번은 아이가 물에
빠질 뻔한 걸 구해준 적도 있다.

그러던 어느 날, 아이는 나를 사람들 앞에 세웠다. 수족관 개막일이라며,
언제나 그랬던 것처럼 리듬을 타고 웃어 보라고 했다. 사람들 앞에서
그런 건 하고 싶지 않았다. 나는 아이와 노는 것만 좋았다. 그건
재주랑은 달랐다. 그날 밤 나는 탱크를 부수어 버렸다. 참고, 참아왔던
어떤 것이 터져버린 기분이었다. 아이와 친구가 아니라고 생각한 그
밤, 아이가 나타나 다시 한번 재미있는 일을 벌인다. 탱크를 열어 나를,
7천 파운드가 넘는 나를 꺼낸 것이다. 사람들이 돈이 되지 않는 나를
죽이고 보험금을 타내려 한다고 했다. 무슨 말인지 알 수 없었지만
아이의 표정이 절박했다. 나는 아이를 따라 한참을 어디론가 실려 갔고,
눈을 뜨니 꿈에 그리던 바다에 돌아와 있었다. 믿을 수가 없었다. 사방이
막히지 않은 곳에 자유롭게 떠 있는 게 너무 오랜만이라 적응이 쉽지
않았다. 스트레스를 많이 받은 탓에 몸놀림도 둔해졌다. 아이는 방파제
쪽으로 달려가면서 점프를 해보라고 소리친다. 나는 아이와 놀던 기억을
떠올리며 크게 몸을 일으켰다. 식구들을 떠올리며 강하게 물장구를 치는
순간, 아이의 목소리를 듣는다. "나를 잊지 마, 나도 널 잊지 않을게!"

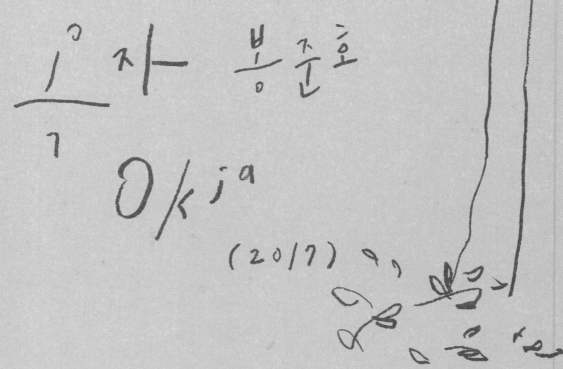

상자 봉준호
Okja
(2017)

내가 옥자를 사겠다
산 채로

나는 돼지다. 보통 돼지랑은 생긴 게 좀 다르다. 몸집도 훨씬 크다.
그래서 '슈퍼 돼지'라 불린다. 어릴 때는 형제가 많았다. 나랑 비슷한
시기에 태어난 돼지들이었다. 우리는 친해질 틈도 없이 지구 곳곳으로
뿔뿔이 흩어졌다. 10년 뒤에 만날 수 있다는 말에 그것이 얼마큼의
시간인지도 모르면서 10년을 세며 지냈다. 나는 한국으로 왔다. 나무가
많은 곳이다. 사람들은 이런 곳을 산골이라고 부른다고 한다. 나는 10년
동안 '미자'와 함께 지냈다. 미자는 나에게 '옥자'라는 이름을 붙여준
여자아이다. 똥이 마려워서 물가에 가면 엉덩이를 두드려주는 친구다.
꽉 막힌 똥이 술술 나오게 도와주는 둘도 없는 친구다. 미자랑 산속에서
맑은 공기를 마시고 새 소리를 듣고 하늘을 보거나 나뭇잎을 만지는 건
즐겁다. 가끔 나는 헤어진 형제들도 잊고, 10년이라는 시간도 잊는다.
미자와 있으면 이 산에서 태어나 미자와 늘 함께인 것 같은 착각이 든다.
여느 때와 다름없이 평화로운 산이었다. 별일 없이 나무 사이를 걷고
물가에서 세수를 한 날이었다. 변한 건 아무것도 없던 그날, 한 번도
본 적 없는 사람들이 찾아왔다. 낯선 남자들이다. 미자에게 누구냐고
물어보려는 순간, 미자의 할아버지가 미자를 어디론가 데려간다.
나는 눈 깜짝할 새 미자와 헤어졌다. 산속에서 벗어난 적이 없어 나는
낯선 사람들과 움직이는 시간이 싫다. 힘들다. 부담스럽다. 미자처럼
엉덩이를 토닥이거나 어루만져 주는 사람이 없다. 투박한 손으로 나를
두드리거나 이상한 얼굴로 웃는 사람들뿐이다. 처음 느껴보는 감정이
자꾸 치밀어 오른다. 발끝에서부터 뜨거운 게 머리 쪽으로 솟구친다.
스트레스를 받을 때마다 똥을 쌌다. 미자와 멀어지니 아무도 나를 미자
같은 목소리로 옥자라 부르지 않는다. 내 살을 마음대로 갉아 가고,
내 안에서 살덩이를 떼어내 실험이라는 것을 한다. 너무 아프고 싫다.
힘들다. 나는 계속 똥을 싼다.

나를 마음대로 미국으로 데려온 사람들에게서 기분 나쁜 냄새가 난다.
한번은 무대에 나를 세워두고 쇼 같은 걸 하는데 나는 발끝에서부터
올라오는 뜨거운 기운을 참지 못했다. 역한 냄새가 사방에서 풍겨오는
탓이기도 했다. 나는 행사장을 엉망으로 만들고 똥도 엄청나게 쌌다.
그래도 기분은 풀리지 않는다. 미자가 있는 산으로 돌아가고 싶다.
그러나 마음뿐이다. 나는 눈앞에서 썰려 나가는 형제들을 지켜보는
처지다. 가고 싶어도 갈 수가 없다. 나는 미국에서 지내는 동안
사람들에게 나는 기분 나쁜 냄새가 뭔지 깨달았다. 내 형제들이
타 죽어버린 냄새. 스테이크가 되고, 고기가 돼서 사람들 위장으로,
땀과 체액으로 변해버린 내 형제들의 냄새. 가장 고약한 냄새를
풍기는 여자가 나를 보고 말한다. "왜 아직도 살아 있지?" 무식한
질문이다. 나는 살기 위해 태어났다. 다시 발끝이 뜨거워지고 "꾸엑"
하고 소리를 뱉어낸 순간, 꿈에 그리던 미자 목소리를 듣는다. "집으로
갈래, 옥자랑." 산으로 돌아가는 길에 옥자와 나는 번갈아 가며 울었다.
우리는 서로를 토닥여주거나 안아주면서 이동의 시간을 견뎠다. 지금
우리는 다시 산속에 있다. 나는 여기가 좋다. 고약한 냄새가 없는 이곳은
평화롭고, 아름답다. 내 형제들을 데려오고 싶다.

ⓒ〈옥자〉

지구를 위해 당신은 무엇에서 해방이 되었나요?

나의 ( ) 해방 일지

에디터 오은재
일러스트 요리

변수빈 제주 해양 폐기물 수거 활동 단체 '디프다' 대표

(편안함)

안녕하세요. 저는 제주 해양 폐기물 수거 활동 단체 '디프다'의 대표이자 바다를 사랑하는 그린 다이버 변수빈이라고 해요. 5년째 제주 바다에 밀려드는 해양 폐기물을 수거하고 있어요. **바다를 위한 작은 보답** 저는 지구를 위해 편리하게 무언가를 소비해버리는 삶에서 벗어나는 중입니다. 제주에서 프리다이빙이라는 해양 스포츠를 즐기다가 위안을 주던 바닷속 생태계가 파괴되었다는 사실을 알게 되었어요. 당장 내가 할 수 있는 일을 고민하다 쓰레기를 줍는 것, 그리고 쓰레기를 만들지 않는 삶을 살아야겠다고 다짐했지요. **중요한 건 꺾이지 않는 마음** 쉽게 쓰고 버리던 것들을 줄여 나가면서

안락함이 찾아왔어요. 몸과 마음이 모두 편해졌어요. 사실 지금도 편안함에서 해방되기 위해 부단히 노력하고 있어요. 무수한 어려움을 이겨내며 실천하는 내 모습을 인정하고 응원하려 해요. 사람이니 실수할 수도 있고 좌절할 수도 있겠죠. 그럼에도 불구하고 나아가려는 마음이 가장 중요한 것 아니겠어요? **사소한 걸음으로 나아가기** 해방을 원하는 분들께선 주변부터 점검해 보세요. 이를테면 플라스틱 양치 도구를 고체 치약이나 대나무 칫솔로 바꾸는 일부터 시작해 보는 거예요. 그리고 그 사소한 변화를 1년 이상 지속하고자 노력해 보면 어떨까요. 차근차근 함께해요. 같이 갑시다!

이소 일러스트레이터   **(세면도구)**

그림으로 일상을 기록하고 드로잉 책을 만드는
이소입니다. 주중엔 그림을 그리고 주말엔 숲 밭을
돌봅니다. 기후변화와 쓰레기 문제에 관심이 많고요,
올해 비건 5년 차가 되었습니다. **지구를 위한 가벼운 짐**
이번에 한달살이 여행 짐을 싸며 스스로 많이 바뀌었다는
걸 알았어요. 저는 숙소에 어메니티가 잘 갖춰져 있어도
일회용품 소비가 줄었으면 해서 거의 사용하지 않아요.
전에는 샴푸, 린스, 비누, 로션, 스킨, 치약, 칫솔 등등
이것저것 챙길 게 많았거든요. 그런데 이번엔 로션과
오일 그리고 치약, 칫솔 정도 챙기고 나니 끝나더라고요.
미니멀리스트의 길 쉽게 버리지 못하는 성격에 수집벽까지
있는 맥시멀리스트였어요. 물건이 점점 쌓이니 집에 있을
때조차 갑갑하다는 걸 서서히 느끼고 있었던 거 같아요.
그러다 번아웃까지 찾아와서 휴식차 해외여행을 떠나기로
했는데 출국 직전 28인치 캐리어에 발목을 찧어 인대가
손상됐어요. 귀국 후 발목 치료를 하며 그동안 필수품이라
여기던 물건들의 쓰임을 되돌아 보고 정리하니 물건에
집착하는 마음이 서서히 사라졌지요. 어떻게 보면 단순한
일일 텐데, 7년 이상의 시간이 걸렸네요. **서서히 적응하기**
세면도구를 줄이는 건 석유계 계면활성제와 플라스틱

소비에서 벗어나기 위한 노력이었어요. 그중에 샴푸를
쓰지 않는 일이 가장 큰 도전이었습니다. 샴푸 없이 물로만
감으니 처음엔 씻어도 씻는 기분이 들지 않았죠. 머리가
정돈되지 않으니 사람들 만날 때 자신감이 줄어들기도
했고요. 그렇게 좌충우돌 2년의 세월이 지나고 그만둘까
진지하게 생각하던 차에 저보다 더 오래 '노푸'를 하고
있는 분을 만났어요. 아무 문제 없이 지내는 모습을 보니
계속할 수 있을 것 같더라고요. 나와 비슷한 사람을 찾으면
서로 의지도 되고 새로운 자극도 받는 듯 해요. 어딜
가더라도 물만 있으면 샤워하는 데 충분하니 마음이
가벼워요. **자연스러운 방식을 찾아** 뭔가를 갑자기 모든
걸 바꾸는 것보다 단계를 거쳐 자연스럽게 바꿔 보는 건
어떨까요. 액상 샴푸 대신 고체 샴푸 바를 써보는 것부터
시작해 보세요. 그리고 좀 더 도전해 보고 싶으면, 집에서
뒹굴뒹굴 쉬고 싶은 날에 얼굴과 몸에 아무것도 바르지
않는 하루를 보내보는 건 어떨까요. 씻고 싶을 때는 물로만
씻고요. 어떤 실천이든 실패하더라도 크게 개의치 말고
또 다른 방법을 시도해 보면서 자신만의 단순하고 가벼운
삶의 즐거움을 발견하길 바랍니다.

김대일 작가

(일회용품)

저는 김대일이라고 합니다. 때로는 글을 쓰고 또 가끔 디자인을 하기도 합니다. 이렇게 소개합니다만, 대부분 아무것도 하지 않는 편입니다. 여러 일을 하지만 아무것도 하지 않고, 칩거와 유랑을 모두 품고 사는 모순적인 사람입니다. **지구를 위해?** 모두 지구를 위해 무언가를 하고 있다고 생각하지만, 그 말엔 다소 어폐가 있어요. 그보다는 '기후위기에 봉착한 인간을 위해'라고 표현하는 것이 맞다고 생각해요. 기후위기로 인류가 멸망한다면 지구는 결국 회복할 테니까요. 그렇지만 석연치는 않아도, 지구를 위한다고 이야기하는 편이 옳다고 생각합니다. 그래야만 더 많은 동참이 이루어질 테니까요. 저는 몇몇 일회용품과 이별했어요. 생수병, 플라스틱 샴푸 통, 일회용 면도기, 물티슈, 수저, 젓가락 같은 것들요. **막연한 기다림** 시골에서 2년 정도 산 적이 있어요. 시골은 도시처럼 인프라가 잘 구축된 곳이 아니다 보니 생각지도 못한 부분들이 불편함으로 다가오는 경우가 많습니다. 그중 하나가 쓰레기 수거예요. 일주일에 하루나 이틀에 걸쳐 작업을 하는데 이를 놓치게 되면 영락없이 일주일을 기다려야 하죠. 어쩌다 스케줄이라도 꼬이는 날엔 몇 주 분량의 쓰레기가 마당 한쪽에 산더미처럼

쌓이곤 합니다. 언젠가 한 달 치가 넘어가는 어마어마한 양의 쓰레기 더미를 보고 있자니 이런 생각이 들더군요. "겨우 두 사람이 한 달 동안 만든 쓰레기가 이 정도라니. 5천만 명이 넘는 대한민국의 쓰레기는, 몇십억 명이 넘어가는 지구의 쓰레기는 어느 정도일까." 가늠조차 되지 않았어요. 지금부터, 할 수 있는 것부터 하지 않으면 위험하겠다 싶었어요. **모든 것은 시간문제** 불편하다고 생각하지 마시고, '원래 그런 거구나.' 하고 흘려보내는 것도 방법이겠죠. 이 불편함을 감내하지 않고 다른 편리한 방법을 찾는다면 결국 또 무언가가 버려질 거예요. 이것도 잠시입니다. 익숙해지면 지금보다 나아질 거예요. 포기하지 말아요. 결국은 자신을 위한 일임을 잊지 마세요.

모아 제로웨이스트 숙소 '모악산의 아침' 운영자　　　　(바비큐)

안녕하세요. 제로 웨이스트 숙소 '모악산의 아침' 운영자 모아예요. 평소 기후위기와 동물권에 관심이 많아 무포장 장터를 열고 비건 커뮤니티를 꾸리며 활동하고 있어요. **찰나의 즐거움을 위하여?** 저는 바비큐로부터 해방되었어요. 방문객들이 바비큐를 하고 나면 플라스틱, 비닐 등 썩지 않는 쓰레기가 100리터 이상 나오더라고요. 일회용품을 매일 분리하고 배출하는 것도 힘에 부쳤고요. 변화가 필요하다고 느꼈죠. 사실, 쓰레기 문제만을 고려해서 바비큐를 없앤 건 아니에요. 기후위기를 알리는 제로 웨이스트 숙소인데, 탄소배출의 원인 중 하나인 축산업에 일조하는 바비큐를 준비하는 게 이상하다 싶었어요. 덕분에 저도 육식을 끊고 차차 비건 지향을 하게 되었어요. 쌈장에 뒤엉킨 재활용 쓰레기를 일일이 씻어내는 수고로움에서도 벗어났죠. **오해가 아닌 이해** 처음에는 매출에 지장을 미칠까 걱정했어요.

제로 웨이스트 숙소라는 이름 덕에 바비큐가 없는 이유를 이해하신 것 같아요. 대신 요가 매트와 싱잉볼, 소분된 잎차와 무포장 원두를 준비해서 온전히 휴식을 할 수 있도록 신경 썼어요. 다행히 모두 대나무숲 아래 자연 속에서 여유를 만끽하는 걸 선호하시더라고요. 개인적으로는 세상을 보는 시야가 넓어졌어요. 세상에는 외면하고 싶어도 용기를 내서 제대로 봐야 하는 것들이 많아요. 작은 변화를 체감할 때 가장 기쁩니다. 용기를 낸 덕분에 '모악산의 아침'에서 나오는 쓰레기도 줄였고, 사회적 메시지도 전달하고 있으니까요. Keep Going! 기후위기와 비거니즘은 '지속하는 것'이 가장 중요해요. 채식하는 요일을 정해서 실천하고 비거니즘 책과 영상을 많이 접해보세요. 처음에는 낯설겠지만 인지하고 노력하는 모습이 자랑스럽게 느껴질 거예요.

홍지연 패브릭 공예가·'포옹의 겹' 대표

(물티슈)

반가워요! 저는 '포옹의 겹'을 운영하는 홍지연입니다.
입도 8년 차 제주도민이에요. 패브릭 공예가로서
지속가능한 포장법을 제안하고 있어요. **수많은 물음표를
거쳐** 2019년쯤이었을 거예요. 해안 도로를 걷다
비닐봉지랑 플라스틱, 물티슈, 일회용 컵 등이 엉켜 있는
장면과 맞닥뜨렸어요. 그 충격적인 장면을 통해 쓰레기
문제의 심각성을 인지했죠. 처음에는 무엇부터 시도해야
할지 고민이 많았어요. 지금 생각해 보면 너무 거대한
목표를 세우려 했던 거 같아요. 소소하게 샴푸 바와 설거지
바로 교체하고 장바구니와 텀블러를 애용하는 것부터
시작했어요. 최근엔 미세 플라스틱 주범인 '물티슈'에서
해방되기 위해 도전 중이지요. **가리어진 면을 상상하며**
미세 플라스틱 사용량은 지속해서 증가하고 있어요.
이들은 생태계 순환을 통해 우리에게 다시 돌아오죠.
물티슈는 우리 가까이에 너무도 아무렇지 않은 모습으로

존재하고요. 그 편리함에 가려진 위험성을 곱씹다 보니
점점 멀어지더라고요. 물티슈와 이별했을 뿐인데 쓰레기가
눈에 띄게 줄었어요. 매번 사용하면서도 유해성에 대한
의구심이 들어 개운하지 않았는데 그런 불안함과 죄책감이
모두 사라지니 조금이나마 마음이 가벼워졌어요. **그럼에도
불구하고,** 지구를 지키기 위해 실천하려면 감수해야 할
게 많아요. 하지만 할 수 있는 일부터 해내다 보면 지구와
공존할 수 있지 않을까 생각합니다. 필요 없는 소비를
당당하게 거부하세요. 끝도 시작도 우리 손에 달려 있어요.
우리는 지구를 떠날 수 없어요!

올바른 분리배출을 하려면 네 단계를 기억해야만 한다. 내용물을 비운 후,
이물질을 제거한 뒤 깨끗이 헹군다. 이후 종류별로 구분해 배출 하면 된다.
다만 이 마지막 단계에서 우리는 매번 헤매고야 만다. "아니 왜? 플라스틱은
플라스틱대로, 종이는 종이대로 버리면 되는 거 아니야?" 순진무구한 얼굴로
어깨를 으쓱이는 사람들에게 전하는, 우리가 미처 몰랐던 '진짜' 분리배출의 세계.

슬기로운 분리배출 생활

글 오은재

일러스트 장세모

컵라면 용기

가끔 봉지 라면 보다 컵라면의 간편함이 그리울 때가 있다. 뚜껑을 연 뒤 분말수프를 넣고 3분 정도만 기다리면 땡. 맛도 있고 게다가 신속하기까지. 다만 컵라면은 먹는 수고보다 버리는 수고가 더 든다. 내부에 비닐 코팅이 된 종이 용기는 깨끗하게 씻어내야 한다. 육개장 사발면 같은 스티로폼 재질로 된 용기는 아무리 세척해도 벌겋게 얼룩이 남아버린다. 백색 스티로폼은 수거 후 하얀 재생 원료로 부활하지만, 유색 스티로폼이 섞일 경우에 급이 떨어지고야 만다. 이런 불상사를 막기 위해 장시간 햇빛에 말려 색소를 충분히 분해해야만 한다.

유리병

어릴 적, 어느 집이든 델몬트병에 담긴 보리차와 코카콜라병에 담긴 참기름이 하나쯤 있었다. 유리병의 큰 장점은 바로 재사용이 가능하다는 것이다. 환경 호르몬 같은 유해 물질이 나오지 않고 세척도 용이하기 때문이다. 공병이 재활용이 되려면 색깔별로 분리배출을 해야 한다. 무엇보다도 깨지거나 손상될 경우 컨베이어 벨트나 선별 과정에서 문제가 생기므로 최대한 안전하게 버리는 것이 관건이다. 소주병을 반환할 때는 병 입구가 훼손되거나 이물질이 들어가지 않게끔 마개를 닫는 것도 필수다. 기왕이면 모아둔 공병을 들고 가까운 가게로 가는 편이 제일 좋다. 회수된 병은 음료 회사 공장으로 가 살균 과정을 거친 후에 다시 세상 밖으로 나오기도 한다.

택배 박스

"택배 왔습니다." 남녀노소 불문하고, 택배 소식은 언제나 우리를 설레게 한다. 받아볼 때까지만 해도 분명 신이 났는데, 개봉 후 갈기갈기 찢긴 셀로판테이프와 텅 빈 상자를 보고 있자면 '내가 또 쓰레기를 만들었구나.' 싶어 공허한 마음이 든다. 택배 상자 분리배출의 핵심은 상자에 덕지덕지 붙어 있는 테이프와 송장을 모두 제거하는 것이다. 접착제와 코팅 물질은 자칫 재활용을 어렵게 만드므로 최대한 흔적을 남기지 말자.

영수증

'잠깐! 여기서 영수증이 왜 나와?' 하고 멈칫한 사람이 한둘은 아닐 테다. '앞을 봐도 뒤를 봐도 여간 없이 종이 쪼가리 아닌가' 싶다. 영수증은 일반 용지가 아닌 감열지이므로 재활용이 어렵다. 감열지는 열을 가하는 순간 색이 나타나도록 표면에 화학 물질을 바른 합성재다. 이때 사용된 BPA라는 화학 물질은 소각 시 엄청난 양의 온실가스가 배출된다. 우리나라에서 한 해 동안 영수증으로 사용된 종이 양은 9.358톤으로, 매년 12만 그루 이상의 나무가 무참히 쓰레기통으로 들어간다. 재활용이 불가능한 이상 증빙용 외엔 발급하지 않는 것이 최선이다.

우유 팩과 두유 팩

우유 팩과 두유 팩은 얼핏 보면 형제처럼 보인다. 주 재질이 똑같이 종이지만 코팅 비닐이 섞인 비율이 다르다. 굳이 따져보자면 같은 피를 공유하고 있으나 그다지 닮지 않은 사촌 정도로 비유할 수 있겠다. 우유 팩은 결로 현상 때문에 표면이 축축해지는 걸 방지하고자 양면 모두 비닐 코팅을 해두었다. 이는 살균 팩으로 불린다. 반면에 두유 팩은 산소가 내부로 유입되는 걸 막기 위해 내부에 알루미늄 포일을 덮어놓았다. 이는 멸균 팩으로 일반 우유 팩과 구조가 다르다. 2022년 1월부터 종이 팩을 일반 팩과 멸균 팩을 따로 분류하는 방안을 권고하고 있다. 종이를 재활용하려면 얇게 얽힌 셀룰로스 섬유를 풀어내야 하므로 물에 담가 해리 공정을 거친다. 우유 팩은 일반 폐지보다 해리하는 시간이 훨씬 길어 따로 배출해야만 고급 티슈로 재탄생할 수 있다.

아이스 팩

냉동 보관 식품을 살 때마다 꼭 딸려 오는 아이스 팩. 한두 개 정도는 냉동실에 얼려두었다 무더운 계절이나 민간요법이 필요할 때 요긴하게 사용하지만 대개 처치 곤란이다. 물을 넣은 아이스 팩은 겉면에 적힌 안내 사항을 참고하면 되지만, 보냉재가 들어간 아이스 팩은 일반 쓰레기로 분류해야 한다. 젤리 형태의 보냉재는 합성 고분자 물질, 이른바 플라스틱이다. 내용물을 변기에 버리는 순간 바다로 유해 물질을 흘려보내는 셈이다. 이에 따라 지자체나 환경 단체에서도 아이스 팩을 수거함을 설치하며 재활용할 수 있는 방법을 모색 중이다. '리아이스팩'이란 서비스를 통해 근방의 수거함을 찾아낼 수 있으니 적극적으로 이용해 보는 것도 좋은 방법!

칫솔과 치약

플라스틱 분리배출은 품목별 세부 기준이 없다는 것이 우리를 혼란의 늪으로 몰고 간다. 무엇보다도 부피가 작은 생활용품은 선별이 어렵다 보니 철저히 분리배출을 잘 하더라도 재활용이 되는 경우가 드물다. 칫솔이야 말로 그렇다. 손잡이는 플라스틱이지만 솔은 나일론이다. 손잡이만 따로 버려도 선별장의 높은 장벽을 넘지 못하고선 쓰레기 취급을 당하고야 만다. 손바닥보다 크기가 작은 것들은 대부분 이러한 결말을 맞이한다. 치약 또한 마찬가지다. 안에 있는 내용물을 알뜰살뜰하게 써도 허사가 되고 만다. 다만 분리배출 표기가 붙어 있으므로 원칙대로 분리를 하긴 해야 한다. 그러니 애초에 플라스틱 양치 도구를 쓰지 않는 편을 고려해 보면 어떨까. 대나무 칫솔과 고체 치약 등등 대체할 수 있는 물건이 참으로 많으니 말이다.

요구르트 뚜껑과 초콜릿 포장재

분리배출시엔 사소한 요소 하나 하나 나노 단위로 따져보고 의심해 봐야
한다. '이거 하나쯤은 괜찮겠지.'하고 넘어가는 순간, 선한 의도로 시작한 일이
물거품이 될 수가 있으니까. 재활용의 세계에선 제대로 제거하지 않은 플라스틱
요구르트병의 알루미늄 뚜껑마저 최악의 빌런으로 거듭나곤 한다. 플라스틱은
재질별로 선별하여 파쇄를 한 후 세척하여 녹이는
공정을 거친다. 세척 과정에서 작은 조각으로 분해된
플라스틱은 물에 가라앉는다. 플라스틱과는 다른 재질의
조각이 섞일 경우 용융기 안에서 체로 걸러내야 한다. 그러나 제대로 걸러질 확률은 얼마
되지 않는다. 이때 제대로 제거하지 못한 알루미늄 마개가 문제를 일으킨다. 그러니 놓치기
쉬운 작은 알루미늄 포장재들은 각별히 유의하여 선별해내면 재활용이 가능하다. 해외에서는
초콜릿 포장재나 요구르트 뚜껑은 야구공 크기로 뭉쳐 분리배출 한다. 작은 알루미늄은 '뭉치면
산다'는 것을 꼭 기억하자.

플라스틱 컵

눈이 잘 떠지지 않는 출근길에도, 점심을 먹고 나서
배를 통통 두드리며 회사로 돌아가는 산책길에도
우리 손에 들려 있는 일회용 컵. 한 잔의 여유를 위해
소비되는 플라스틱은 사상 초유의 수치를 기록하는
중이다. 플라스틱은 재활용 시 무조건 같은 재질끼리
모아야 한다. 그러나 플라스틱 일회용 컵은 종류가
다양하다. PET가 주로 사용되지만 PP와 PS라고
표기되는 폴리프로필렌과 폴리스티렌과 섞이면 육안
상으로 구분하기가 어렵다. 모두 투명한 재질이기
때문에 선별장에서 이를 골라내는 데 곤욕을 겪는다.
무엇보다도 대부분의 프랜차이즈 카페에서 사용 중인
브랜드 로고가 인쇄된 컵은 재활용 시 품질을 떨어지게
만드는 결정적인 요인이 된다. 플라스틱 컵과의
전투에서 승리하기 위해선 텀블러와 다회용 컵을
적극적으로 사용할 것!

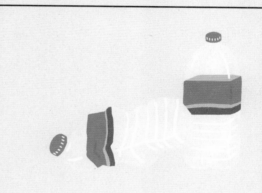

페트병

포장재로 가장 많이 사용되는 페트병은 플라스틱
중에서도 재활용률이 높은 편에 속한다. 이전까지만 해도
선별장으로 모인 페트병을 재활용 업체로 보내 색깔별로
분류하는 작업을 한 번 더 거쳤는데, 2020년부터 환경부
지침에 따라 개개인이 투명 페트병과 유색 페트병을
구분하여 배출하는 방향으로 바뀌었다. 페트병 재생
원료는 대개 포장 용기나 폴리에스터 섬유로 재탄생한다.
하지만 이제껏 제대로 분류하지 않거나 라벨 및 접착제를
철저히 제거하지 않아 고품질 재생 원료로 활용하기
어려웠다. 페트병이 제대로 순환하기 위해선 강화된
기준에 맞춰 꼼꼼하게 분리배출을 해야 하니 꺼진 불도
다시 보기로 하자.

아로마티카의 첫인상을 떠올리면 단연코 '깨끗하다'는 말이 먼저 떠오른다. 이러한 순수함은 용기로부터 비롯된다. 알로에 주스나 사이다하면 초록빛이 녹아 든 페트병이 연상될 정도로, 패키지 색은 소비자의 기억 속에 브랜드 인상을 각인 시키는 데 핵심적인 역할을 한다. 아로마티카는 지구를 향한 진심을 보여주고자 거침없이 용기의 색을 제거하고 내용물을 보여주는 것을 택했다. 그렇게 세상에 내놓은 아로마티카의 진심은 투명하디 투명하다.

천천히 스며드는 투명한 진심

에디터 오은재

자료 제공 **아로마티카**

SAVE THE SKIN

SAVE THE PLANET

'아로마티카'라는 이름은 아로마 오일의 학명에서 영감을 받아 탄생했다. 머리를 맑게 깨우는 진실한 허브 향. 마치 웃자란 풀들 사이에 누워 숨을 들이켜는 듯한, 잔잔한 감각을 느낄 때면 그 이름의 유래에 대해서 실감하게 된다. 대한민국 1세대 아로마테라피스트인 김영균 대표는 대학 시절 호주에서 에센셜 오일을 접하고선 향이 전해주는 위로에 매료되었다. 호주는 천연 유기농 제품과 아로마 테라피 시장이 활성화된 곳이다. 아플 때도 병원에 가기보다 가정집에 구비해 둔 유기농 허브 제품을 활용해 치료한다. 에센셜 오일의 가능성을 확인한 그는 천연 화장품의 불모지였던 대한민국에 유기농 원료들이 뿌리내리기를 바라며 아무도 선택하지 않았던 '아로마테라피스트'라는 이름을 자신에게 쥐여주었다. 아로마테라피스트답게, 합성 향과 화장품 원료의 유해성을 제거하여 가족들에게도 믿고 권할 수 있을 정도로 안전한 제품을 만들기로 결심한다. 굳은 신념에 따라 동물 실험을 하지 않는 것은 기본, 안전한 천연·유기농 제품 생산 기준에 부합하는 시설로 인정받은 자체 공장까지 설립하여 최상급 원료를 선별하고 제품을 생산한다. 모든 공정에 가담하며 하나부터 열까지 살뜰히 확인한다. 그렇게 시작된 지구를 향한 여정은 지금까지도 이어져 오고 있다.

온갖 좋은 것을 아낌없이 더하며 열과 성을 다해 제품을 만들면서도 간과한 사실이 하나 있었다. 다름 아닌 제품을 담아내는 용기가 환경에 유해한 영향을 끼치고 있었다는 것. 이를 보완하고자 아로마티카는 출시된 제품의 용기들을 하나하나 살펴보고, 재활용 플라스틱과 유리로 야금야금 교체를 시작한다. 이윽고 2020년 업계 최초로 100퍼센트 재활용 플라스틱 용기를 적용한 제품을 출시하고야 만다. 더불어 90퍼센트 재활용 유리 용기도 함께 연구해 2021년경 아로마티카의 제품 97퍼센트를 재활용 용기로 전환한다. 그렇게 플라스틱 사용량을 차차 줄여나가기 위해 노력 중이다. 공들여 만든 용기가 무사히 재활용되려면 분리배출 시 이물질이 섞이지 않는 것 또한 중요하다. 이를 위해 그들은 기획 첫 단계부터 '마지막'을 상상했다. 우리가 만든 제품이 제 몫을 다한 뒤 올바르게 순환되도록 물로 쉽게 제거할 수 있는 수분리 라벨을 부착하고, 혼합 플라스틱 재질의 펌프형 용기를 분리배출이 용이한 단일 소재의 '캡'형으로 변경했다. 불필요한 쓰레기가 과도하게 많이 나오는 포장 및 배송 과정 또한 점검하여 친환경적인 충전재와 패키지를 활용한 '지속가능한 패키징'까지 도입했다.

온전한 원이 되길 꿈꾸며

투명 페트병은 고품질의 재생 원료를 얻을 수 있다는 점에서 중요한 자원이기도 하다. 순환이 용이한 소재로 거듭난 후부터 분리배출을 의무화하도록 규제하는 정책도 꾸준히 이어져 오고 있다. 그러나 정작 선별 처리 시설이 제대로 구축되지 않았거나 수거하는 과정에서 뒤섞여 버려 재활용이 쉽지 않은 실정이다. 용기 개발을 연구하는 과정에서 선별장 이곳저곳을 오가며 현실을 체감한 아로마티카는 시스템을 개선하고자 발 벗고 나서기에 이른다. 그렇게 시작된 '조인 더 서클' 캠페인의 첫 목표는, '투명 페트병 10톤 직접 수거'였다. 10톤이라니. 단어만 들어서는 얼마나 어마어마한 양인지 와 닿지 않는다. 10톤을 그램으로 환산하면 무려 0이 일곱 개나 붙는다. 평균 20그램인 500밀리미터 생수로 환산해 보자면 무려 50만 개에 육박한다. 아로마티카의 원대한 포부를 실현하고자 곳곳에 위치한 제로 웨이스트 숍을 수거 거점으로 지정하여 더욱 많은 이들이 오가며 재활용할 수 있도록 연대했다. 또한 강남구 주민센터와 협업하여 동네에서 나오는 페트병을 모조리 수거할 수 있는 환경을 구축하기도 했다.

그렇게 모인 투명 페트병은 전기 트럭에 실려 선별장을 거치지 않고 재활용 공장으로 향한다. 세척된 폐플라스틱을 분쇄하여 플레이크로 만들고, 녹인 후 가늘게 뽑아내어 잘린 펠릿으로 가공하는 공정을 거친다. 이 과정에선 다른 소재와 무분별하게 섞여 오염될 일이 전혀 없다. 이를 다시금 녹여 용기 모양으로 만들어 내면 완벽한 재활용 플라스틱이 탄생하게 된다. 탄탄한 생산 라인과 공급망을 갖춘 새 플라스틱에 비해 재활용 플라스틱은 공정 과정부터 더 많은 시간과 품을 들여야 한다. 뿐만 아니라 무려 30퍼센트나 더 많은 비용이 든다. 기반조차 제대로 마련되지 않은 재생 불모지에서 굴하지 않고 아로마티카만의 뜻을 고집한 이유는, 재활용 플라스틱 용기를 사용할 시 탄소 발생량을 무려 79퍼센트나 감소할 수 있기 때문이다. 20그램짜리 페트병 1개 기준으로 일반 페트병은 43그램, 재활용 페트병은 9그램의 탄소가 배출된다.

국내 화장품 업계가 상상조차 하지 않은 큰 그림을 그리며 차근차근 외길을 걸어간 결과, 2022년 마침내 목표를 달성하고야 말았다. 그럼에도 불구하고 아로마티카는 만족하지 않는다. 환경부, 대형 물류사, 호텔 체인과 협업하여 사업장에서 배출되는 투명 페트병까지 수거할 수 있도록 점차 영역을 넓혀가고 있다. 아로마티카의 진심은 자원 순환 캠페인 '조인 더 서클'을 통해 더욱 빛을 발한다.

100퍼센트 재생 가능한
아로마티카만의 투명 용기

탄소 배출량을 감소하는 데 도움이 되는
단일 소재 리필팩

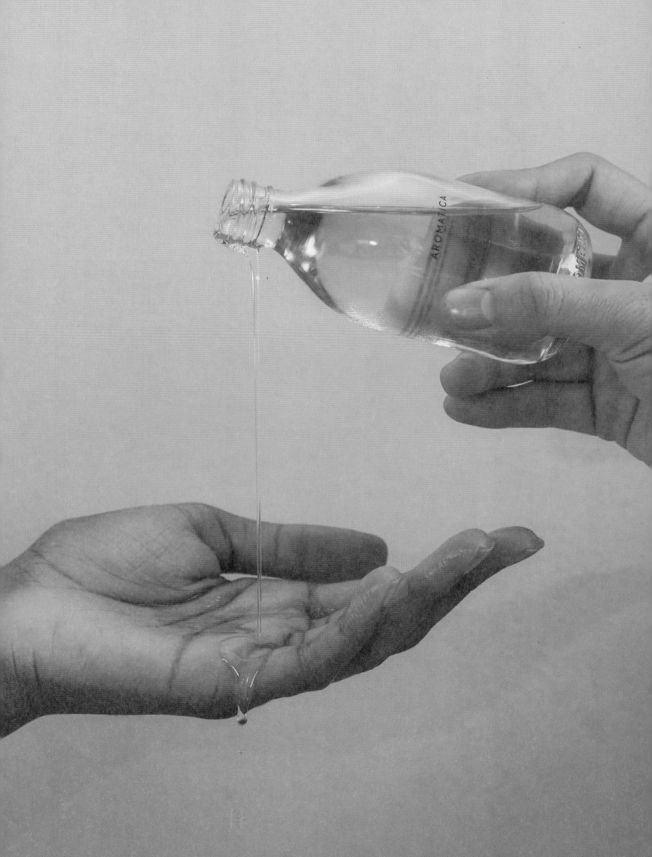

제로를 향하여

우리가 살고 있는 지구에도 생일이 있다. 물론 이 생일은 지구가 태어난 날을 의미하는 것은 아니다. 1969년 미국 캘리포니아주에서 벌어진 원유 유출 사고로 바다가 오염된 것을 계기 삼아, 심각성을 느낀 정치인과 대학생이 힘을 합쳐 지구를 위한 목소리를 내기 시작했다. 이에 감응한 시민들이 이천만 명이 모여 '지구의 날' 행사를 치렀고 잠시 맥이 끊긴 이 축제는 기후변화의 흐름에 따라 1990년 부활하였다. 매년 4월 22일 지구촌에서 다양한 행사와 지구를 살리기 위한 캠페인이 벌어지고 있다.

아로마티카 스타필드 하남점 전경

약 50년이 흐른 뒤, 아로마티카는 지구의 날을 맞이하여 국내 화장품 업계 최초로 복합 문화 공간 '제로 스테이션'을 열었다. 서울의 중심에서 제로 웨이스트를 외치고자 도심 한복판에 당당히 자리 잡은 이들은 시공 부자재부터 가구까지 적참나무, 흙과 종이, 폐마스크 등을 업사이클링하여 구석구석 지구에 관한 마음으로 채웠다. 그와 함께 슬며시 불어오고 있는 제로 웨이스트 바람이 더욱 멀리까지 뻗어나가도록, 주말마다 사람들로 붐비는 복합 쇼핑 공간에도 단독 매장을 선보였다.

아로마티카가 제로 스테이션에서 가장 중점을 둔 공간은 단연코 '리필 스테이션'이다. 매장의 한 자리를 떡하니 차지하고 있는 육중한 기계 안에는 인기 제품들이 가득 찬 벌크 통이 장착되어 있다. 제로 스테이션을 이용할 땐 집에 고이 모셔둔 공병을 챙겨야 한다. 패키지에 타 브랜드 이름이 적혀 있다고 해서 괜히 겸연쩍어 할 필요도 없다. 아로마티카는 소비자가 가져오는 모든 용기를 차별 없이 너른 마음으로 받아들이고 환영한다. 고심하여 고른 빈 용기에 투명한 액체가 가득 차는 것을 보면 수고로움은 눈 녹듯 사라지고 마음이 절로 두둑해진다.

1. 로즈마리 스칼프 스케일링 샴푸 바

물을 묻혀 문지르면 기분 좋은 허브 향 거품이 피어난다. 화장품 제조 시 사용한 티트리와 로즈마리 원물을 아낌없이 첨가했을 뿐 아니라 패키지 또한 사탕수수 재활용지로 제작했다.

2. 라벤더 에센셜오일

에센셜오일에는 아로마티카만의 자부심이 스며있다. 고요 속으로 침잠하고 싶을 때 침구에 한 방울 떨어트린다.
/ 식물을 건조하여 추출한 원료이므로 물에 타 마셔도 좋다.

3. 바이탈라이징 로즈마리 올인원 로션

아로마티카는 어른과 아이가 함께 사용할 수 있게끔 자연 성분의 재료만을 사용한다. 로즈마리 향은 상쾌한 아침 바람에 몸을 맡긴 채 기지개를 켜는 듯한 개운함을 선물한다.

4. 티트리 밸런싱 치약

아로마티카의 치약은 재활용이 쉬운 단일 알루미늄 소재 패키지로 리뉴얼을 진행했다. 거품을 내기 위한 계면 활성제나 유해 성분을 제거하여 더욱 기분 좋은 양치 생활이 가능하다.

2018년 기준, 전세계 사람들이 한국인처럼 소비를 거듭한다면 지구가
3.5개는 필요하다고 한다. 몇 번의 버튼만 클릭하면 무엇이든지 손에
쥘 수 있게 되었지만 몸이 편리해질수록 마음은 점점 무거워진다.
이쯤 되면 우리가 하는 건 소비가 아니라 낭비가 아닐까, 하는 의심이
불현듯 우리를 덮쳐온다. 하지만 늦었다고 생각할 때가 가장 빠른 법.
지구의 안위를 생각한 착한 소비를 돕는 공간을 소개한다.

다음을 위한 소비

에디터 오은재

ⓒ알맹상점

알맹이를 위하여

알맹상점

"본인이 필요한 양만큼 한 번에 덜어가는 걸 경험하는 일을 통해 개별 포장 없이 구매해도 괜찮다는 인식을 가지셨으면 해요. 그 인식이 사회 전반의 기본값이 되길 바라고요. 많은 분께서 용기를 낼 수 있었으면 좋겠어요."

©알맹상점

2018년 수도권 지역에서 일어난 '쓰레기 대란'을 기억하는 사람들이 있을 것이다. 당시 세계 각국의 재활용 쓰레기를 책임지던 중국에서 수입을 전면 금지하면서, 연간 20만 톤의 쓰레기를 수출하던 우리나라 또한 큰 타격을 입었다. 아파트 단지와 주택가에 쓰레기가 산더미처럼 쌓여가도 이를 막을 방법은 없었다. 두 손 두 발을 들어버린 사람들 사이에서 자신이 할 수 있는 일들을 고민하던 이들이 있다. 시장에서 발생하는 쓰레기를 줄이고자 상인회 건물 한 편에 세제 소분 숍을 운영하며 알맹이만 용기에 담아 가던 자들. 이른바 '알짜'로 활동하던 금자, 래교, 은이는 가게의 규모를 키워 세상에 존재하는 모든 것들을 리필할 수 있는 국내 최초 제로 웨이스트 숍 '알맹상점'을 차렸다. 알맹상점은 화장품, 차, 세제, 식료품 모두 개별 포장 없이 물건을 들여오고자 노력하고 있다. 벌거벗은 제품들을 보며 낯선 기분을 느낄 이들의 구매 장벽을 낮추고자 포장 뺀 가격으로 값을 매긴다. 아무런 준비 없이 온 손님들 또한 마음 편히 사용할 수 있게 소독을 거친 용기들을 받아 구비해 두기도 했다. 가뿐함에서 오는 편리함을 모두 누릴 수 있기를, 그렇게 알맹이만 남을 순간을 고대하며 외친다. "껍데기는 가라!"

A. 서울 마포구 월드컵로25길 47 3층   O. 화~일요일 12:00-20:00, 월요일 휴무   H. almang.net

모든 것이 제자리로 돌아갈 때   원점

"오늘의 내가 쓰레기 하나를 만들어 냈다고 해서 자책할 필요는 없어요.
내일의 쓰레기를 줄일 방법을 궁리하면 되니까요. 원점은 그런 작은 실천을
지향합니다. 그것이 저희 공간에서 전하고자 하는 철학이기도 해요. 이곳에
방문하시는 많은 분께서 자신만의 원점을 잊지 마시고, 지속해 나갈 마음을
오래도록 간직하시길 바라요."

©원점

A. 서울 성동구 아차산로7길 42   H. instagram.com/one_zeom   O. 월-일요일 10:00-20:00, 격주 화요일 휴무

제로 웨이스트에 처음 관심을 가질 즈음, 세상에 존재하는 모든 것이
쓰레기에 불과하다는 사실에 무력감이 들기 마련이다. 원점은 많은
이들이 그 순간을 무사히 통과하여 다음 스텝으로 나아갈 수 있게끔,
처음의 마음을 북돋아 주고 응원해 주는 공간이다. 이곳을 운영하는
이정태 대표는 오래 전 제주 해변에서 충격적인 현실을 마주했다.
물안경만 끼고 호기롭게 들어간 바다 밑에서 마주한 풍경은 우리가
막연하게 그려오던 아름다운 모습과는 차원이 달랐다. 오색찬란한
물고기들과의 눈맞춤을 기대했건만, 유명 프랜차이즈 매장의 분홍색
스푼과 바닷가에서 떠내려 온 라면 봉지들이 그의 시야를 가렸다.
처참한 기억을 전환점 삼아, 지구를 원래의 모습으로 되돌리고자
성수동에 제로 웨이스트 숍을 열었다. 원점은 여타의 제로 웨이스트
숍처럼 지구에 안전한 물건들을 소개하는 것에서 그치지 않는다.
동네에서 버려지는 플라스틱을 수거하고 이를 직접 스툴과 열쇠고리로
업사이클링할 수 있게끔 색다른 경험을 제공한다. 먼 길을 돌아온
물건들은 사람들의 생활 속에 스며들어 자신의 쓰임을 다한 후, 안전히
또 다른 자원으로 순환될 순간만을 기다리고 있다. 이들의 생애를
그려보는 일은 지구를 '원점'으로 되돌릴 발판이 되어줄 것이다.

조금 이상하고도 다정한 실험 보틀라운지

> "제가 무언가 시도하거나 해보자고 제안이 들어왔을 때 가장 많이 들은 말이
> '안 될 거야.' 라는 이야기였어요. 그렇지만 막상 해보면 생각보다 해볼 만한
> 것들이 많지요. 저는 그 경험의 시작을 제공하고 싶어요. 보틀라운지가 많은
> 이들의 출발점이 되었으면 하고요."

보틀라운지는 다회용 컵 대여 서비스를 제공하는 보틀팩토리에서
운영하는 실험적인 카페다. '매장 내 일회용 컵 사용 금지 제도'가
시행되기 전, 쓰레기통 위로 쌓여 있는 컵들을 보며 아찔한 기분을
느꼈던 정다운 대표는 플라스틱 컵의 여정을 좇다 한 가지 질문을
떠올렸다. '일회용품 없는 카페가 가능할까?'라는 물음은 이윽고
거대한 상상으로 번졌고, 디자인 스튜디오로 운영하고 있던 작업
공간을 쪼개어 카페를 열게 되었다. '음료를 밖으로 가지고 나가려면
자기 컵을 가지고 오거나 컵을 빌려야 한다.'는 작은 원칙으로 시작한
카페는 차근차근 자리를 잡아 동네 분위기를 바꾸는 중이다. 주민들은
여분의 텀블러를 내밀며 말하지 않아도 안다는 눈빛을 보낸다. 이에
용기를 얻은 정다운 대표는 주변 상점들과 함께 일회용품 없이 가게를
운영하는 '유어보틀위크'를 열어 발길 닿는 곳마다 배턴을 넘겨주고
있다. 동네 소규모 상인들과 힘을 합쳐 무포장으로 채소를 판매하는
채우장을 기획해 음식과 음식, 물건과 물건으로 사람을 잇는다. "함께
해보실래요?" 보틀라운지의 문틈으로 새어 나온 조심스러운 목소리는
골목 이곳저곳으로 퍼지며 플라스틱 컵의 그림자를 지워낸다.

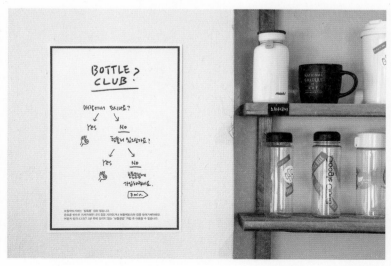

© 보틀팩토리

A. 서울 서대문구 홍연길26   H. bottlefactory.co.kr   O. 화-일요일 10:00-21:00, 월요일 휴무

Size: S/M
W.S.P: €135
Available Order QTY: 31

...ded short jumper for layering
...No.FQUAA18610
...ack

세상에 아름답고 품질 좋은 옷은 수없이 많다. 이제 우리는 디자인을 넘어
브랜드를 입는다. 브랜드 가치와 철학, 그 안에 내재된 메시지를 기리며 옷장을
신중하게 채워가는 것이다. 미적인 아름다움을 넘어 폐기되는 옷들에 다시
한번 숨을 불어넣는 일, 한 땀 한 땀 선순환을 새겨 넣는 업사이클링 브랜드.
래코드를 옷장에 담는 순간은 어찌나 기꺼운지. 오늘도 나는 래코드를 입는다.

RE;CODE

래코드의 진심을 입는 날

에디터 이주연

자료 제공 RE;CODE

위기의 옷들에 새 숨을 포개

가끔 길을 걷다 커다란 글자로 '창고 대방출'이라 적힌 포스터를 본다. 유명 브랜드의 시즌이 지난 옷이나 하자 상품을 저렴한 금액으로 판매한다는 것이다. 소비자 가격의 절반 이하 금액으로 판매하는 옷에는 어떤 사연이 있는 걸까. 세상에는 넘치게 많은 옷이 있다. 어떤 옷은 좋은 주인을 만나 걸치기 좋은 날개가 되는 반면, 어떤 옷은 주인에게 닿지 못해 폐기될 위기에 처한다. 그런 옷들은 할인에 할인을 거듭하다 3년 차 재고가 되면 소각장으로 간다.
코오롱FnC(이하 '코오롱')는 생각했다. 매년 폐기되는 것은 의류뿐 아니라 많은 사람의 수고와 노력, 시간이 함께 소각되는 거라고. 1년간 소각되는 옷들만 연간 40억 원에 달한다. 이 엄청난 수치를 못 본 척하고 돌아서는 것은 쉽다. 그러나 코오롱은 그러지 않았다. 재고들을 다시 살려낼 수 없을까 고민을 거듭하던 2012년, 아직은 생소한 단어인 '업사이클링'을 패션 브랜드로 들여오기로 한다. 코오롱이 만든 업사이클 브랜드 'RE;CODE'는 그렇게 탄생했다. 회사가 운영하는 20여 개 브랜드의 3년 차 재고를 어떻게 하면 단순히 소각하지 않고 패션 회사다운 방식으로 스토리를 더해 살려낼 수 있을까 고민한 결과인 것이다.

"래코드라는 이름도 발상의 전환으로 탄생한 것이고, 브랜드 콘셉트도 기존 패션 시장의 생각을 뒤집은 거예요. 말 그대로 '코드 자체를 바꿔 버린 것'이 래코드죠. 왜 옷을 새로 만들어야 하지? 옷만 팔아야 하나? 옷을 만드는데 같이 할 수 있는 다른 무엇인가가 있지 않을까? 그렇게 끊임없이 새로운 방법을 찾아 탄생한 거예요."

세상을 톺아보며 다정한 연결로

지금으로부터 11년 전, 과연 어느 누가 패션을 자연 친화적인 시각으로 바라볼 수 있었을까. 남들보다 이르게 환경을 생각한 래코드는 재고 의류를 좀더 괜찮은 모습으로 재탄생시키기 위해 주변을 둘러보았다.

"래코드는 지속가능한 사회를 위해 래코드의 본업과 연계한 CSV, CSR 활동을 하고 있어요. 기업으로서 지역사회와 공생하기 위한 윤리적 책임을 다하고, 사업적 가치를 창출해 경제적·사회적 이익을 추구하는 거죠. 특히 미혼모, 난민, 장애인, 새터민분들의 자립을 돕기 위한 프로그램을 고민하고 실행해 오고 있는데요. 사회적 약자에 대한 일방적인 기부가 아닌, 그들의 재능을 살려 가치 있는 결과를 함께 만들어 나가고자 하는 마음이에요. 모두가 함께 일할 수 있는 터전을 마련하는 거죠."

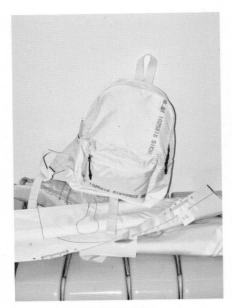

RE;CODE Airbag

Candy Tote bag (Recycled Leather)

Round Neck Knitwear With Bustier Top

가치를 입는다는 것

아름다운 디자인, 좋은 품질의 옷은 이제 세상에 너무나도 많다. 이전에는 얼마나 아름다운 디자인인지, 바느질이 꼼꼼한지 확인하는 게 필수였다면 이제는 짜임새가 훌륭한 옷들이 근사한 디자인으로 쏟아지고 있다. 이제 우리는 브랜드 가치를 본다. 기업을 위해 일하는 사람들에게 얼마나 윤리적인지, 어떤 책임을 다하는지, 기업 바깥을 향한 메시지는 어디를 향해 있는지. 이제는 제품이 아닌 브랜드를 사는 시대다. 특정 브랜드의 물건을 구매함으로써 내 가치도 높아지기에, 이제는 제품의 디자인보다 그 안에 스며 있는 이야기가 중요해진 것이다.

"지금 저희는 옷으로 이야기하지만, 사실 이런 접근은 소비재의 모든 영역으로 확장될 수 있을 거예요. 물건을 생산하여 유통하는 기업이 지속가능성을 가지고 있다면, 그리고 소비자가 그 기업의 제품을 소비한다면 그 자체만으로 환경을 위한 실천이 될 수 있죠."

재고와 재료를 세척하고, 활용하고, 해체하고, 리디자인하고, 다시 생산해 내는 래코드의 의류 제작 과정은 대량 생산에 비해 훨씬 복잡다단하다. 일련의 프로세스에서 사람 손을 타지 않는 과정이 거의 없기 때문이다. 수작업으로 이루어지는 과정이기에 옷 숫자도 제한적이고 비용도 많이 드는 게 당연하다. 소비자 가격도 높게 책정될 수밖에 없지만 그 안에 깃든 가치와 이야기를 함께 구입한다고 생각하면 흔쾌히, 나란히 걷고만 싶어진다.

"래코드를 이해하는 분 중엔 소비자 가격의 가치를 이해해 주시는 분이 많아요. 반면 '왜 이렇게 비싸?' 하고 의문을 품는 분들도 있죠. 이를 설득하는 과정에 애로 사항도 있는데요. 일단 브랜드의 진정성과 옷에 담긴 가치를 이해하는 게 중요하다고 생각해요. 저희 가치를 이해하고 소비하기 시작하면 래코드라는 로열티를 공유하게 되는 거죠. 그래서 저희는 래코드라는 브랜드의 정체성과 철학 그리고 제작 공정에 대한 스토리에 집중하려고 해요."

자동차를 입습니다

이제는 많은 패션 브랜드가 친환경적인 실천을 거듭하고 있다. 일찍이 녹색 걸음을 내딛던 래코드는 10년 이상 또렷한 가치를 지켜오면서 계속 성장하고 한발 앞서 나가는 중이다. 단순히 친환경 소재만, 위기의 재고만 활용하여 제품을 생산하는 것이 아니라 필요한 만큼 생산하고 버려지는 것을 최소화하는 데 초점을 맞추는 것이다. 대량 생산을 가능케 한 산업혁명이 얼마나 많은 자연을 파괴했는지 생각해 보면 결코 이상한 일도 아니다. 래코드는 이미 만들어졌지만 팔리지 않는 옷, 버려지며 부차적인 오염을 발생시키는 옷들을 해체하고 재조합하여 새로운 디자인을 곁들인다. 나아가 의류가 아닌, 버려지거나 불량인 에어백, 카시트 같은 산업 자재를 활용해서 의류를 새로 만들기도 한다. 그것을 이들은 '래코드의 지속가능성'이라 부른다. 처음에는 자회사 재고에서 시작했지만, 이젠 한 발 더 나아가 협업과 파트너십을 통해 다른 브랜드의 재고를 업사이클링하는 활동으로 넓혀 나가고 있다.

"꾸준하게 래코드에서 사용하고 있는 산업 소재는 바로 에어백이에요. 래코드의 에어백 가방 라인은 사랑받고 있는 제품 중 하나지요. 에어백 소재는 독특함으로 의외성을 줄 뿐 아니라, 산업용 소재 특유의 견고함으로 내구성도 더할 수 있어요. 인더스트리얼 라인 제품들은 소비자뿐 아니라 여러 기업과 단체에서도 구매 문의가 많은데요. 예컨대 현대자동차가 운영하는 현대 모터스튜디오와 기아자동차에서 운영하는 전기차 EV6 전시장에서도 래코드의 에어백, 카시트 가방들과 굿즈를 만나볼 수 있답니다."

이야기를 잇고 입는

지속되는 순환의 고리

패스트 패션이라는 말이 있다. 유행을 좇아 반짝 빛났다가 사라져버리는 옷들을 일컫는다. 품질이 좋지 않아 한 철만 입고 버려지는 옷들은 일회용품처럼 금세 쓰레기가 되고, 새로운 소비를 낳는다. 래코드는 빠르게 지나가는 소비와 폐기보다는 고쳐 입고 오래 입는 문화에 집중한다. 좋은 옷을, 의미 있는 옷을 다시 입을 수 있도록 '박스아뜰리에'를 운영하며 수선과 리폼 서비스를 제공하는 것이다. 박스아뜰리에를 꾸려나가는 이들은 미혼모와 새터민이다. 함께 일할 수 있는 터전, 그 가치 있는 공간 안에서 옷들은 생명을 연장하고 이야기를 이어나간다. 래코드는 생각한다. 옷의 생애 주기를 늘리는 것도 버려짐을 최소화하려는 방편이라고.

"40대 후반 여자 손님이 남편의 오래된 군복을 가져와서 에코백 제작을 의뢰한 적이 있어요. 군복에 붙어 있는 계급장이나 이름표 같은 특징을 살려서 제작해 드렸더니 잘 들고 다닌다고 고마워하신 일이 오래 기억에 남아 있죠. 또 스커트 두 벌을 가져와서 상의로 만들어달라고 한 경우도 있었는데요. 난이도가 높은 일이어서 제작 기간이 제법 길었는데, 상당히 좋은 결과물이 나와서 저희도 만족스러웠어요. 고객님 역시 과연 가능할까 반신반의하며 제안한 터라 놀라워하셨던 기억이 있어요."

래코드는 업사이클링 브랜드인 만큼 다시 만들어진 의류가 재고가 되고 폐기되는 상황은 아쉬움과 회의감이 훨씬 더 큰 일일 것이다. 쓰레기를 만들지 않게끔 나선 것인데, 다시 만들어진 옷 또한 쓰레기가 된다면 비용과 시간과 노력을 어떻게 보상해야 할까.

"팔리지 못한 재고를 되살리는 브랜드에서 다시 또 재고를 만드는 건 역설적인 상황이죠. 저희도 그런 상황은 경계하고 있어요. 그래서 래코드는 컬렉션이나 매스 아이템을 만들 때도 팔릴 만큼만 만들려고 해요. 그러기 위해 필수적으로 고민하고 노력해야 하죠. 피치 못하게 재고 수량이 발생하는 경우엔 어떤 요소를 보완하면 주인을 찾게 될까 고민해요. 재고를 다시 살려내는 리버스를 진행하고 있는 거죠."

유행하는 디자인을 대량 생산하고 한 철 장사만 생각한다면 과연 이런 세세한 고민을 거듭할 수 있을까. 매년 불길에 휩싸이는 너무 많은 재고, 그와 함께 타들어 가는 누군가의 수고, 노력 그리고 적지 않은 비용. 이 모든 걸 헤아리고 새로운 숨을 불어넣기 위해 고민하는 데는 마음이 필요하다. 사그라지는 재화를 살리려 노력하고 그 과정에서 함께 일할 수 있는 터전까지 마련해 내는 세심함. 래코드 옷을 고르며 생각한다. 그들이 남모르게 품은 섬세함을, 세상을 향한 예민한 정성을.

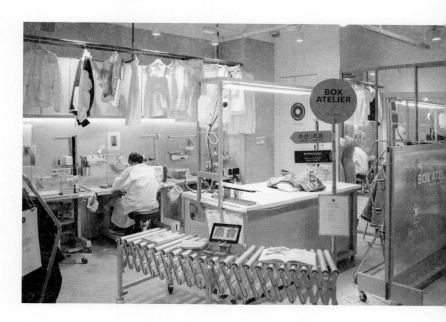

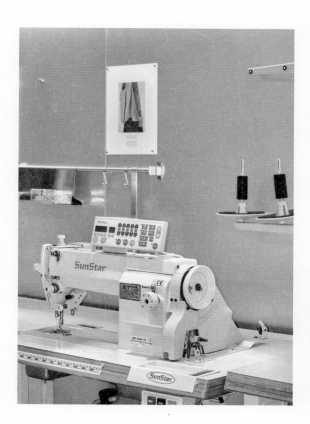

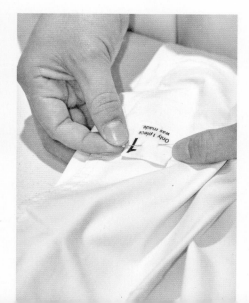

지난 10년을 발판 삼아 일관된 진심으로

RE;CODE 마케팅팀

래코드 의류는 코오롱FnC 계열사에서 발생한 의류 재고를 바탕으로 해체와 재가공의 과정을 거쳐 생산되고 있지요. 그 과정에 관해 좀더 들어보고 싶어요.
업사이클링 되는 의류는 소각을 앞둔 3년 차 재고(코오롱FnC 브랜드)를 사용해요. 소각되기 전에 활용해 볼 만한 재고를 찾으러 시즌마다 2차 아울렛으로 떠나는 것이 여정의 첫 시작이죠. 그렇게 발견하고 선택한 재고에 창의적인 디자인 해석을 더해 해체와 재조합의 과정을 거쳐요. 수작업에 능한 장인들과 래코드 디자이너가 긴밀하게 협업하는 과정이 함께하죠. 장인 선생님들은 핸드크래프트를, 디자이너들은 크리에이티브를 맡아 협업하는 거예요. 이 과정에서 래코드의 독보적인 노하우가 축적되고 있어요. 이는 곧 패션 재고에 대한 솔루션이 되고요. 그렇게 탄생한 제품은 유니크한, 어쩌면 세상에 단 하나밖에 없을 제품으로 완성되곤 해요. 최근까지도 래코드는 다양한 컬래버레이션 작업을 진행했어요. 나이키나 BTS의 의류를 활용하여 가치를 담은 협업 상품으로 재탄생시켰죠.

코오롱은 1년에 소각되는 옷만 연간 40억 원에 이른다고 밝혔죠. 의류 브랜드로서 이러한 수치를 공개하는 것이 사실상 쉽지는 않았을 것 같아요.
수치가 매년 바뀌고 있는데요. 그것이 크건, 작건 투명하게 공개하는 게 기업의 당연한 의무라고 생각해요. 우리가 할 수 있는 작은 노력이 큰 영향력을 미칠 수 있고, 또 업사이클링 브랜드를 준비하는 분들에게 도움이 될 수 있다고 생각하니까요. 의류 재고로 또 다른 의류를 생산해 내는 디자인과 기술에 노하우를 쌓은 지 벌써 10년이 넘었어요. 이젠 글로벌 어느 브랜드와 경쟁해도 자신 있을 수준에 이르렀다고 생각하는데요. 지금에 오기까지 정말 많은 시행착오가 있었어요. 에어백이나 카시트 같은 산업 소재를 패션 산업에 접목한 것, 20개국에 가까운 나라의 글로벌 인턴이 거쳐 간 것…. 현재는 장인 선생님들과 한곳에서 성장하고 있기에 더욱 특이한 래코드만의 문화가 만들어졌다고 봐요. 이것이 시행착오의 출발지이기도 하고요.

하나하나 사람 손을 거치고, 재고 의류 수량이 한정되어 있기에 소량의 리미티드 에디션 개념으로 생산된다고 들었어요. 대량 생산이 어렵다는 점이 래코드 의류의 특이점이라 생각하는데요. 이러한 지점에서 생기는 득과 실이 있을 것 같아요.
맞아요. 기본적으로 재고를 베이스로 하기 때문에 생산 수량이 재고 수량과 직결돼요. 래코드 컬렉션 의류는 수공업이라 비용도 높아지는 데다 소량으로 진행되기에 희소성에 가치를 두는 소비자에게는 브랜드 경험을 더 가치 있게 만들어요. 그러나 제품의 대중적인 접점이 제한된다는 점에서 한계가 있기도 하죠. 이러한 한계를 보완하고자, 몇 해 전부터는 래코드의 디자인 정신을 친환경 원단으로 풀어내는 매스 생산 제품도 선보이고 있어요. 친환경 원단으로 만든 캔디백, 에어백 가방 등이 특히 인기 있죠.

BTS가 래코드 제품을 입어서 화제가 되기도 했죠.
2021년 BTS가 유엔 연설에 입고 공연까지 했던 정장을 이야기해 볼게요. 작은 하얀 사각형 안에 숫자 '1'이 달린 디자인인데요. BTS가 입은 옷은 겉에서 봤을 땐 평범한 블랙 정장처럼 보이지만 래코드와 BTS가 미래 세대에게 전하는 메시지가 담겨 있어요. 문화의 다양성과 환경 보호 이슈, 패션 브랜드가 할 수 있는 지속가능성에 대한 고민까지도요. 출국을 앞두고 짧은 시간 내에 완성해야 했기에 멤버 한 명 한 명 맞춤 작업을 진행하진 못했지만, 아티스트들이 가장 편하게 잘 맞게 입던 옷을 받아 패턴과 사이즈를 연구하고, 기존 정장들을 해체하고 재조합한 이야기가 숨어 있어요.

업사이클링 제품이기 때문에 다시 재고가 되지 않도록 판매에도 힘쓰게 될 것 같아요. 따라서 디자인이나 품질에도 소홀해질 수 없을 텐데요.
래코드를 애용하는 고객님들은 래코드 옷을 특별한 날이나 의미 있는 장소에 갈 때 입는 경우가 많아요. 그러다 보니 래코드는 개인에게 의미 있고 오래 간직될 만한 제품을 만들기 위해 노력하고 있어요. 트렌디해 보이진 않더라도 오래 입을 만한 좋은 퀄리티의 재고나 소재를 까다롭게 선별하고 있거든요. 그리고 매장에서 판매되는 상품 외에 리컬렉션이나 박스아뜰리에에서 받을 수 있는 서비스로 개인 맞춤이나 수선 워크숍을 통한 세상에 하나뿐인 옷들이 있는데, 그 역시 옷장에 오래 머무를 수 있는 옷들로 만들어 드리려고 노력 중이에요.

업사이클링 브랜드다 보니 고객 의견도 중요할 텐데요. 어떤 반응이 들려올 때 만족감을 느껴요?
"친환경도 쿨할 수 있다."는 반응이요. 친환경은 아직 어렵고, 착하고, 특히 패션 재화로는 디자인적인 매력도가 떨어진다는 시장 인식이 있는 것 같거든요. 그런데, "래코드는 착하지만, 쿨하고 멋지다."는 반응을 들으면 어쩌면 우리 브랜드는 세계에서 유일무이한 브랜드일지도 모르겠다는 자부심이 생깁니다(웃음).

래코드는 단순히 패션 브랜드, 유행을 선도하는 디자인을 추구하는 브랜드가 아니라 가치와 이야기를 담아 옷을 만드는 브랜드라고 생각해요. 한경애 부사장님이 이런 말씀을 하셨지요. "명품 브랜드 재킷 하나는 100만 원이 넘어도 쉽게 사면서 래코드의 가치 있는 재킷이 60만 원 정도 하는 걸 비싸다고 할 수 있나요?" 래코드에 대한 자부심과 애정이 드러나는 답변이라고 생각했어요. 래코드를 조금 더 자랑해 주실래요?
일관성. 그리고 진심이라고 생각해요. 래코드 이야기를 인터뷰나 강연에서 할 때면 마지막에 많은 분이 그런 이야기를 해주세요. "래코드 덕분에 친환경 패션을 경험해 보고 싶어진다."고요. 그건 아마도 10년간 버려지는 것을 새롭게 탐구하는 모습과 오래 입을 만한 옷을 만드는 해법을 꾸준히 선보였기 때문일 것 같아요. 한마디로 브랜드 스토리가 급조된 게 아니니, 마음을 움직일 수 있다고 보는 거죠.

업사이클링을 기반으로 하지만, 판매를 목적으로 하는 의류 브랜드라는 점에서 소비를 조장한다는 측면은 무시할 수 없을 것 같아요. 이러한 딜레마는 어떻게 해결하고 있나요?
업사이클링 제품도 잘 팔려야죠. 시장이 크게 형성되길 바라고 있어요. 업사이클링 제품을 생산하는 것은 사회적 배려자들의 일자리 이슈에 접근하고, 소각되기 전의 의류를 되살린다는 환경적 측면에서의 문제도 해결하는 일이에요. 소비 조장 측면에서의 딜레마라기보다는 재고를 남기지 않고, 필요한 만큼 과생산하지 않아야 한다는 의무감을 안고 나아가고 있어요. 래코드 재고가 다시

래코드의 더 나은 상품을 위한 재고로 사용되기도 하고, 의미 있는 곳에 기부되기도 하는데요. 꾸준히 프리오더를 통해 어느 정도 생산 수량을 예측하거나 맞춤 수선을 통한 옷의 순환에 대한 고민과 노력이 래코드의 외형이 커짐에 따라 같이 동반되는 과제일 것 같아요.

문득 래코드 근무 환경이 궁금해지네요. 환경을 생각하는 브랜드인 만큼 기업 문화 또한 환경을 생각하는 분위기일 것 같아요.
기본적으로 팀 구성원들이 모두 환경을 위해 생활 속에서 작은 것부터 실천하려고 노력하고 있어요. 텀블러 사용은 기본, 배달 음식을 줄이기 위해 도시락을 직접 싸 와 먹는 문화도 있고요. 진정성 있는 친환경 제품이나 매장을 발견하면 서로 추천도 해주고요. 브랜드의 모든 일련의 활동에서도 이것이 친환경적인지 당연히 고민하고 토론해 보지요. 기존에 지속해 오던 활동일지라도 현행보다 조금이라도 더 환경을 지키는 데 기여할 수 있도록 개선할 지점을 찾아보고 고민해 보고 있어요.

지속가능성까지 이야기할 수 있다는 점에서 래코드의 가치는 다양하고 깊다는 생각이 들어요. 앞으로 어떤 지점까지 나아가고 싶은지, 래코드의 행보에 관해 들어보고 싶어요.
연대와 연결을 꿈꾸고 있어요. 지난해는 래코드가 10주년을 맞이한 뜻깊은 해였는데, 〈RE;COLLECTIVE〉라는 전시를 기획하여 진행했어요. 각자 영역에서 지속가능성을 실천하는 크리에이터, 기업, 브랜드를 모아 더 많은 사람에게 메시지를 전하고 행동을 촉구하기 위한 취지의 전시였죠. 전시가 일회성에 그치지 않고 하나의 무브먼트로 지속될 수 있도록 올 4월 밀라노 디자인 위크에서 다시 한번 전시를 진행하려고 해요. 작년 전시와 취지는 같으나 이번에는 업사이클이라는 주제 하에 한·중·일 각지에서 지속 가능성을 이야기하는 아티스트들과 새로운 작품을 선보일 예정이에요. 지난 10년은 먼저 움직이며 지속가능성의 취지를 이어왔다면 이제는 메시지의 주도권을 가지고 진취적으로 다양한 파트너와 함께해야 할 시점이라고 생각해요. 이미 환경만 아니라 여러 사회 이슈가 각 분야의 협업으로 해결책을 찾아가고 있다는 점에서 이는 어쩌면 당연한 선택이 아닐까 싶네요.

개인 의견

지금 이야기하려는 것은 아주 개인적인 이야기다. 개인이 모이면
가족이 되고, 마을이 되고, 국가가 되고, 인류가 되긴 하지만.

글 정다운   사진 박두산

구겨버린 글

《AROUND》에 10년째 글을 쓰고 있지만 이번 글쓰기가 가장 쉽지 않았다. 벌써 두 번째, 반 이상 쓴 원고를 지웠다. 드라마나 영화 속 장면이 떠오른다. 커다란 책상 앞에 앉아 만년필로 종이 위에 글을 쓰다가 종이를 구겨 쓰레기통에 던져 넣는 장면. 이때 작가의 머리는 반드시 부스스하게 '떡져' 있어야 한다. 귀에 펜도 하나 꽂고 있으면 좋겠고. 물론 나는 문서 파일 위 까만 텍스트를 쭈욱 드래그한 후 오려두기를 하는 식으로 간단하게 글을 버렸지만. 아무튼 이 글을 쓰는 동안 비슷한 장면이 여러 번 연출되고 있다. 지금 내 옆에는 쓰레기통이 넘치도록 종이 뭉치가 쌓여 있다. 아니, 쌓여 있지 않다. 휴 다행이다. 비록 내가 글을 못 써도, 적어도 종이를 낭비하진 않아도 돼. 가상의 종이에 가상의 잉크로 글을 쓰고 있어서.

왜 어려웠느냐면, 무슨 이야기를 써도 거짓말 같았다. 에세이를 쓸 때면 진짜로 일어난 일, 정말 생각한 것, 과장 없는 느낌을 솔직하고 담백하게 써야 한다는 강박이 있다. 거짓말하는 것보다 참을 말하는 게 쉽고, 과장하는 것보다 과장하지 않는 게 쉬우니까, 평소에는 그리 어려운 일은 아니었다. 하지만 이번 글쓰기는 한참 쓰고 나면 하루를 다시 돌아보게 된다. 나의 하루와 이 글이 맞닿아 있는 게 맞나. 나는 나를 과장하고 있지는 않나.

글을 쓰고 있는 오늘은 목성과 금성의 사이가 가장 가까운 날이라고 한다. 저녁 8시에 목성과 금성이 달의 지름 정도로 가까운 거리까지 접근했단다. 마침 한반도 시각으로 해가 진 후라서 우리는 그 모습을 눈으로 볼 수 있다. 목성과 금성은 태양과 달 다음으로 밝은 천체다. 달과 목성과 금성이 모두 환하게 밝혀진 모습을 한눈에 볼 드문 기회! 하지만 놓쳤다. 목성과 금성의 소식을 들었을 때는 이미 자정에 가까운 시간. 하늘을 두리번거리며 찾아보았지만 보이지 않는다. 대신 북두칠성이나 카시오페이아 같은 별들을 잔뜩 보고 왔다. 올려다보는 시간이 길어질수록 하늘에 별이 많아졌다. 보이지 않는다고 없는 것은 아니다.

두 행성이 바로 옆에 있는 것처럼 보이더라도 실제 거리가 가까워지는 것은 아니라고 한다. 지구에서만 가깝게 보이는 것이고 실제 두 별 사이 거리는 6억 킬로미터가 넘는단다. 내 눈에 보이지 않아도, 별들은 거기에 있다. 거리를 유지한 채, 빛나고 있다. 별들은 그 곳에 있어야 한다. 지구도 별이다. 우주 나이는 150억 년, 지구는 46억 년이라고 한다. 지구에 사람이 산 건 250만 년 전이고, 한반도에 사람이 살기 시작한 건 70만 년 전의 일이다.

결혼한 지 11년 아이는 없습니다

결혼한 지 11년이 넘었다. 아이는 없다. 10년 전부터는 고양이 한 마리와 함께 살고 있다. 고양이는 셋이었다가 다시 하나가 되었다. 가족이 다섯이었다가 셋이 된 셈이다. 많은 사람이 궁금해했다. 왜 아이를 낳지 않느냐고. 대부분은 우리 둘이 인생을 자유롭게 살기 위해서 아이를 낳지 않나 보다 짐작한다. 하지만, 고양이 한 마리는 이미 우리를 자유롭게 하지 못한다. 긴 여행은 꿈도 못 꾸고, 실은 분리 불안이 있어서 하루 이상 집을 비우지도 못한다. 아, 분리 불안은 고양이 말고 나한테 있다. 혹시 1박 이상 할 일이 있어도, 가능하면 24시간 이상 집을 비우지 않는다. 물론 사람 아기를 키우는 것보다는 일상이 훨씬 자유롭지만, 내가 원하는 자유는, 일상을 벗어난 자유이고, 동물과 함께 사는 일은 그야말로 일상의 연속이다. 특히 고양이는 어제와 같은 오늘, 오늘과 같은 내일을 꿈꾼다고 하니, 내 고양이의 꿈이 이루어지려면 특별한 일 없던 어제처럼 오늘도 내일도 단조로운 일상을 함께해야지. 지루한 일상이라고 쓰려다 '단조로운'이라고 고쳐 썼다.

아이를 낳지 않는 이유는 많다. 사연도 많다. 그 사연들을 이 자리에서 꺼내면, 듣는 사람들이 아마 당황할지도 모른다. 자라온 과정, 부모와의 관계, 조카, 여행, 정치, 경제, 사회… 그다지 듣고 싶지 않은 이야기들일 거 같다. 그래서 나는 언제부턴가 사람들 질문에 이렇게 대답해 오고 있다.

"지구에 사람이 너무 많아요.", "지구엔 사람이 좀 줄어야 해. 개나 고양이, 새가 더 많아져야지." 이렇게 농담처럼 말한다. 북극곰 이야기까지 하고 싶지만 그런 이야기는 듣는 이를 난처하게 만들지도 모르니 대체로 참는다. 어떤 이가 큰 관심도 없이 무심코 한 말을 꽉 잡아끌고 북극까지 가는 건 아무래도 무리다. 그래서 언제나 웃음을 한 스푼 섞어서 저렇게 대답하고 말았다. 대부분은 "그건 그래." 하고 더 이상 말을 얹지 않는다.

웃음기를 걷어내고 쓴다. 나는 지구에 사람이 너무 많다고 생각한다. 그래서 내가 할 수 있는 일을 하고 있다. 아니 다시 써야겠다. 할 수 있는 일을 하지 않고 있다. 그런 의미에서 사람들 앞에서 짧게 말하고 웃고 넘어가는 이야기를 좀더 길게 해보려고 한다. 지금부터 하는 이야기는 모두 내 개인의 생각이고, 다른 이에게 강요할 생각이 없다. 탓할 생각은 더더욱 없다. 내가 잘못된 생각을 가지고 있다고, 틀린 선택을 했다고 생각하는 사람도 있을 것 같다. 그렇다면 당신 생각이 맞다.

지구에 삽니다

지구에 살고 있다는 걸 처음 체감한 건 튀르키예 카파도키아에서였다. 열기구를 타고 두둥실 하늘에 올라 발아래 기암괴석을 내려다보다가, '아, 여기가 지구구나.'라는 생각을 처음 했다. 우주의 존재를 온몸으로 경험한 건 볼리비아 우유니 사막에서였다. 끝도 없이 펼쳐진 하얀 소금 사막 위로 별이 쏟아졌다. 무수한 별을 마주하며 드넓은 우주와 처음 만났다. '내가 이 장면을 어린 시절에 봤다면 인생이 달라졌을 거 같아.' 카파도키아와 우유니에서 똑같이 든 생각이다. 내가 광활한 우주의 작은 별 지구에 사는 그저 한 명의 인간이라는 걸 좀더 일찍 알았더라면. 조금 늦었지만 그때부터 나는 지구에 소속감을 느끼기 시작했다.

왜 지금까지는 생각하지 못했을까. 서울은 지구 안에 있고, 서울 하늘에도 별은 떴을 텐데. 별보다 밝은 거리의 불빛이 당연해서 우주까지 생각할 겨를이 없었다. 이런 생각을 여행 중 특별한 순간이 아닌 일상 속에서 하기 시작한 건 제주에서 살기 시작한 시기와 겹친다. 제주에 살며 날씨의 영향을 많이 받게 되었고, 동물과 식물을 더 가까이에서 접하게 되었다. 그런 제주에서는 자연이 일상이고 환경이 먼 이야기가 아니다. 최근 제주의 부속 섬 마라도에서 고양이 반출 문제가 있었다. 마라도 길고양이들이 멸종 위기에 처한 천연기념물 뿔쇠오리를 위협한다며 고양이들을 제주 본섬으로 이주시키기 시작한 것이다. 마라도에서 평화롭게 살던 고양이들이 하루아침에 배에 실려 서식지를 옮기게 되었다. 인간은 뿔쇠오리의 개체 수가 줄어드는 이유가 길고양이의 사냥이라고 생각하는 것 같다. 뿔쇠오리에게 물어볼 수 있다면, 뿔쇠오리는 과연 어떤 대답을 할까?

자연 보존 자선 단체인 세계자연기금WWF에 따르면 1970년부터 2020년까지 50년 동안 포유류, 조류, 어류, 파충류, 양서류 등 야생 동물 개체 수가 68퍼센트 정도 감소했다. 같은 기간 전 세계 인구는 두 배 이상 늘었다. 최근 20년 사이 북극의 빙하 면적은 50퍼센트 감소했고, 북극곰은 2008년에 멸종 위기종으로 지정되었다. 야생 동물 수가 줄어드는 가장 큰 이유는 '기후변화'와 '서식지 소실'. 기후는 왜 변하고 있으며, 동물들의 서식지는 왜 소실되고 있을까. 북극곰은 이 질문에 어떤 답을 할까. 인간이 지구의 너무 많은 것을 결정하고 있다. 지구의 주인은 인간이 아닌데도.

지구에 사람이 너무 많다

'2014 지구생명보고서'에 따르면 지구 생태계가 스스로 회복할 수 있는 생태발자국 한계치는 1인당 1.8ha. 하지만 실제 평균 생태발자국은 2.7ha이며, 한국은 4.41ha에 달한다고 한다. 현재 한국인이 사는 방식 그대로 살기 위해서는 지구가 2.5개 필요하다는 뜻이다. 미국과 같은 방식으로 살려면 지구가 3.9개 필요하다. 2050년에는 전 세계 사람들이 지구 3개 정도 규모의 자원을 소비할 것으로 예측된다. 알다시피 지구는 한 개뿐이다. (생태발자국은 인간이 지구에서 살며 필요한 의식주, 에너지, 시설 등의 생산, 폐기물의 발생과 처리에 들어가는 비용을 개인, 국가, 지구 단위로 나타내는 방식이다. 헥타르 또는 지구 개수로 수치화하는데 수치가 클수록 지구에 해를 많이 끼친다는 의미다.) 선진국에서 아이를 한 명 덜 낳는 것만으로도 연간 57.6톤에 달하는 탄소를 줄일 수 있다는 연구도 있다. 자동차를 소유하지 않는 것과 비교했을 때 24배 더 많은 감축량이다. 이 글을 쓰기 위해 처음으로 관련 연구들을 찾아 읽었다. WWF 등 지구 환경과 관련된 단체 사이트를 찾아가 자료를 검색했다. 감정적으로만 알고 있던 걸 과학적인 수치로 확인했고, 내가 잘못된 선택을 하지 않았다는 걸 알게 되었지만 안도하기보다는 슬펐다.

지구에 사람이 너무 많다. 언제나 사람이 문제다. 나는 개인적으로 그렇게 생각한다. 제주도의 자연을 지키는 가장 확실한 방법은 사람이 자리를 비켜주는 것이다. 그리고 지구를 지키는 가장 단호한 방법은 지구에 사람이 거의 없는 것이다. 어느 야생 동물의 서식지였을 숲을 밀어버린 자리에 지어진 집에 살고 있고, 어제도 산더미 같은 쓰레기를 분리배출하고 왔으며, 오래된 경유차를 타며 탄소를 수없이 발생시키며 살고 있다. 하지만, 나는 태어났고 죽기 전까지는 살아야 한다. 그러니 존재하는 한 지구에 소속감을 느끼고 최대한 지구에 폐를 끼치지 않으려고 한다. 그런 이유로 나는 아이를 낳지 않는 것을 최종 선택했다. 지구에서 태어난 내가 지구를 위해 할 수 있는 가장 게으른 방식의 실천. 이 글로 받는 원고료는 전액 WWF에 후원금으로 보내려고 한다.

구될 거야

글 이주연 일러스트 휘리

아홉 산호초 섬

"파도가 오갈 때마다 우리의 땅은 조금씩 좁아져
꼭 끌어안지 않으면 저 아래로 떨어질 것만 같아"
— 9와 숫자들, '엘리스의 섬(Song For Tuvalu)'

지구 저 어디쯤, 남태평양 중앙을 가만히 들여다보면 하나의 왕국을 볼 수 있다.
그 왕국은 아홉 개의 산호초 섬으로 이루어져 푸른 바다에 둥지를 튼다. 섬과
섬을 잇는 물길, 그 위에 떠 있는 아홉 개의 땅덩어리. 아름답고 고귀한 그곳에서
사람들이 살아가고 있었다. 사람들은 주로 바닷가에서 어업을 하며 생계를
유지했고, 말린 코코아 열매를 수출하면서 식구들을 먹여 살렸다. 우리가 매일
회사를 가고 밥을 먹듯, 가족을 만나고 책을 읽듯 평범한 일상이 이 왕국에도
이어지고 있던 것이다. 푸른 바닷물, 부서지는 햇살, 주변을 뛰노는 아이들
모습은 티 없이 맑고 깨끗하기만 했는데, 어느 날 바닷물이 산호초 섬 두 개를
삼켰다. 아이들은 당황했다. 아이들뿐만 아니라 어른들도, 지혜로 똘똘 뭉친
노인들도 당황했다. 순식간에 집이 바닷물로 찰랑거렸고, 복구는커녕
하루아침에 집을 잃어 목숨이 위태로워졌다. 사람뿐만이 아니었다. 물고기와
벌레들, 해양 생물이 살아가는 산호초도 하얗게 변해 죽어가고 있었다. 얕고
맑은 바다 곁에서 햇볕을 한껏 받으며 아름답게 군집을 이루던 산호초는 변하는
수온에 도미노처럼 픽 픽 쓰러져갔다. 왕국에는 비상이 걸렸다. 두 섬이 물에
잠겨버리면서, 수도 푸나푸티가 온데간데없이 사라져버린 것이다.
물이 왜 차오르는 것일까, 왜 우리 삶의 터전이던 바다가 무서운 괴물처럼
보이는 것일까 고민하던 사람들은 서서히 이유를 알아간다. 지구 기온이
자꾸만 높아져 만년설이 녹고, 남극과 북극의 얼음이 녹고, 해수면이 높아지면서
섬까지 잠겨버리게 된 것이었다. 수출해야 할 코코넛 나무가 죽어가고 있었다.

지하수에서도 짜디짠 소금물이 나와 물 한 모금이 귀해지고 말았다. 사람들은 배가
고팠고, 목이 말랐다. 그러는 동안에도 왕국은 자꾸 가라앉고 있었다.

왕국의 이름은 뉴질랜드 앞바다의 아름다운 섬나라, '투발루'다. 더 이상 사람들이
살 수 없을 만큼 피폐해진 이곳. 결국 2001년, 투발루는 선포한다. "자연재해가
심각해졌습니다. 국토를 포기하겠습니다." 그럼 이다음엔 어떻게 해야 할까.
투발루에 살고 있는 사람들은 살아갈 터전을 찾아야 했다. 이대로라면 사라진 두
섬을 되찾는 것은 고사하고, 나머지 섬도 다 사라질 위기에 처해 있었다. 아이들은
겁을 먹고 울었고, 어른이라고 다르지 않았다. 지혜로운 노인들도 살아갈 터전이
사라진다는 건 처음 겪는 일이었기에 마땅한 대책을 마련하지 못했다. 정부가 나서
오스트레일리아와 피지, 이웃 나라에 구호 요청을 보냈다. "투발루 왕국 국민들을
이민자로 받아주십시오." 모두가 고개를 저었다. 남은 일곱 개 섬에서 어찌어찌
살아가고 있는 사람들은 '앞으로'라는 생각조차 하지 못한 채 하루하루 근심에
싸여 한 치 앞을 걱정하고 있었다. 짠물에 입이 버석하게 마른 지 오래였다. 그러던
중, 유일하게 뉴질랜드만이 이민을 허용했다. 그러나 조건이 붙었다. "40세 이하,
뉴질랜드에 직장을 가진 사람들만 이민을 허락하겠소." 투발루엔 만 명이 넘는
사람이 있다. 그들 중 과연 몇이나 안전하게 뉴질랜드로 건너갈 수 있는 거지?
투발루 왕국을 둘러싼 바닷물은 매년 0.5센티미터씩 상승한다. 짜디짠 물은 마실
수 없게 되었고, 먹을 만한 것들은 계속해서 시들고 죽어간다. 뭔가를 제대로 먹지
못하는 아이가, 어른이, 노인이 점점 말라간다. 바닷물이 먼저 차오르느냐, 투발루
국민들이 생명을 유지하지 못한 채 먼저 죽느냐의 문제로만 끝나지 않을 것이다.
지금, 무언가를 멈추지 않는다면, 무언가를 실천하지 않는다면 지구는 차츰차츰
뜨거워질 테고, 마침내 그것이 6도에 다다르면 그땐 투발루 국민은 물론이고
지구의 모든 생명체가 사라져버릴 것이다.

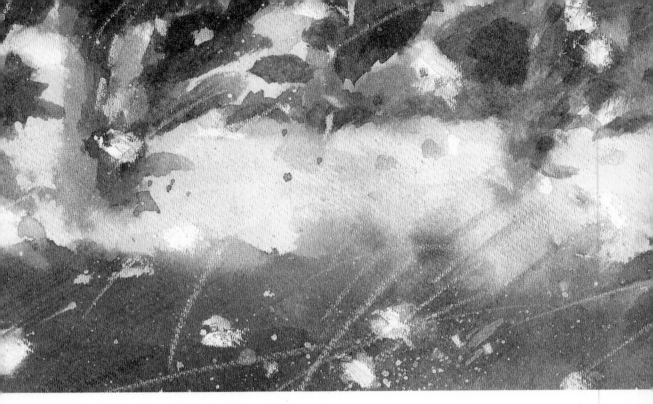

그 많던 시영은 누가 다 먹었을까

"어? 시영이 다 있네. 먹어봐."
"엄마, 장난치는 거지?"
"시골이잖아, 괜찮아. 엄마 어릴 때 많이 먹던 거야."

일본의 어느 시골을 걷는 중이었다. 높은 건물도, 낮은 집도 얼마 없고 사람도
드물게 있는 조용한 시골. 이국의 마을에서 엄마와 나는 하염없이 걸었다.
산책이라기엔 길고, 운동이라기엔 가벼운 걸음이었다. 엄마와 나는 길 중간중간
피어 있는 '시영'을 똑 따서 입에 넣고 우물우물 씹었다. 이미 오염된 지구에서
뒤늦게 태어난 나는 내리는 눈을 먹는다거나(먼짓덩어리다!), 기분 좋게 비를
맞는다거나(머리 빠진다!), 개울물을 마신다든가(벌레 있는 거 아냐?), 길가 풀을 뜯어
먹는 행위는 생각해 본 적이 없었다. 물론 아주 어릴 때는 샐비어를 똑 따서 꿀을
쪽 빨아 먹은 기억도 있다. 하지만 그건 할머니 댁 마당에 자라던 거니까 좀 안심이
되었달까. 길을 걷다가 흙바닥에서 풀을 떼서 먹어보라는 엄마를 보면서 시간
여행을 하는 기분이었다. 그렇지만 너무 아무렇지도 않게 "여기는 시골이잖아."
하고 말하는 엄마를 믿지 않을 재간은 없었다. 어쩌면 여행 중이니까, 한껏 설레
있었으니까 굳이 이것저것 따지고 싶지 않았는지도 모른다. 반신반의하며 입에
자그마한 풀을 담았다. 이로 잘근잘근 씹자 새콤한 맛이 났다. 미간이 찌푸려지는
시큼한 맛이 아니라, 입안에 가만히 퍼지는 반가운 신맛이었다. 나는 기분 좋은
감탄을 뱉으며 이게 무엇이냐 물었다. 엄마는 말한다. "시영."
그 뒤로 나는 시영을 좋아하게 됐다. 그날 이국의 작은 시골에서 만난 이후로 한
번도 본 적 없지만, 그래도 그 맛을 잊지 못해 시영을 계속 좋아하게 됐다. 시영은
작은 풀이다. 잎사귀가 제법 뾰족하고 가장자리에는 물결무늬의 톱니가 있다.
어린잎이어서 입에 담고 굴려도 바스락거리지 않고 기분 좋게 녹았다. 시영은

새콤한 맛과 달리 아주 부드러운 질감을 가지고 있었고, 나는 그날 그 시골을
몇 바퀴나 산책하며 길에 있는 시엉을 많이도 뜯어 먹었다. 그 기억은 그림처럼,
아주 어린 날의 일기처럼 기억 저편에 자리하고 서서히 녹아들었다. 어느 날
불현듯 '그런 풀이 있었지….' 하고 생각하는 날이면 엄마한테 "엄마, 시엉
생각나?" 하고 묻곤 했다. 엄마는 어릴 때 자주 먹던 풀이니까 언제나 당연하게
"그럼!" 하고 말했다.

얼마 전 일이다. 티브이로 다큐멘터리를 보시던 아빠가 "싱아에 꽃이 다 있네."
하신다. 딴짓을 하고 있던 나는 "싱아가 뭐야?" 하고 물었다. 아빠는 "박완서
소설도 있잖아. 《그 많던 싱아는 누가 다 먹었을까》." 나는 싱아꽃이 궁금해 아빠가
보던 티브이로 시선을 돌렸고, 싱아꽃이 눈에 들어오기도 전에 엄마 말에 신경이
확 돌아갔다. "시엉이네. 시엉꽃." 그러니까 엄마가 먹여준 시엉이 박완서 선생님
소설의 그 싱아였단 말이야? 세상에 없는, 나만 아는 풀을 먹었다고 생각했는데
실은 대한민국 국민이라면 누구나 다 아는 그 풀이었단 말이야? 그럼, 정말이지
길을 걸으면 발에 채였던 그 많던 싱아는 누가 먹은 거지?

어쩌면 엄마와 그 작은 마을에서 먹은 것은 싱아가 아니었을지도 모른다.
그 많던 것이 한날 사라질 순 없는 거니까, 흙바닥에서 똑 따 먹을 수 없게 된 건
이상하니까. 차라리 세상 누구도 먹어본 적 없는 풀을 떼어 먹었다고 믿는 편이
덜 이상할 테다. 그렇다면, 나는 그 풀에 시엉이란 이름을 붙이기로 한다. 우리
모녀가 그 많던 시엉을 다 먹었는지도 모르겠다고, 그냥 그렇게 생각하기로 한다.

플라스틱 소금

"시간이 흐를수록 제철 재료의 의미는 점점 더 퇴색될 거예요. (…) 제철 음식의
첫걸음은 제철 재료가 제때 나느냐의 문제가 아니라 이 계절엔 뭐가 나는지 알려고
하는 마음 같아요. 물론 제철 재료가 제때 난다면 좋겠지만, 당장 바꿀 수는 없으니
지금 할 수 있는 것들을 하는 게 중요한 거죠. '호박은 이맘때가 제일 맛있는 것
같아.' 하고 내가 먹는 재료를 의식하는 것. 그러다 보면 마음에 채소 달력이 하나
생길 거예요."

— 《AROUND》 Vol.72 〈계절을 속삭이는 식탁〉 중에서

우리는 매일 신용카드 한 장만큼의 플라스틱을 먹고 있다. 아무리 배가 고파도
식탁에 신용카드가 오른다면 기겁할 텐데, 미세하게 잘라내서 내어주니 하루
내내 먹고도 모르는가 보다. 2년 전쯤 요리연구가 요나에게 물은 적이 있다.
제철 재료에 관심을 갖다 보면 환경 문제에도 자연스레 관심이 생기지 않느냐고.
요나가 말한다. "날이 갈수록 환경에 대한 관심은 점점 더 커지는데, 어제는 바다
오염에 대해 생각해 보게 됐어요." 바다 오염. 나도 티브이에서, 책에서, 지나가는
이미지로도 적지 않게 보았다. 물고기 입에 있어서는 안 될 것들이 가득 박혀 있는
모습, 1초도 지긋하게 바라볼 수 없을 정도로 무시무시하게 떼죽음을 당한 해양
생물들, 바다에 쌓여버린 너무 많은 쓰레기들. 차라리 약육강식의 문제였다면
가엾게라도 여길 터인데, 전부 다 인간이 그런 거였다. 강하지도 않은 인간이 자기
편하자고 휘두른 것들에 애꿎은 자연이 하나씩 범해지고 있는 것이었다.
나는 바다 이야기를 듣자마자 물고기를 떠올렸다. 생명이 죽어 나가는 모습을
처연하게 상상할 준비를 마치고 귀를 기울였다. 그러나 들려온 말은 전혀 다른
이야기였다. "바다가 무시무시한 속도로 오염되고 있어서 아마 천일염도 곧
사라지거나 귀해질 거예요." 지금이야 많이 대두된 이야기지만 그때만 해도
크게 생각해 본 적 없는 이야기였다. 소금, 소금이 없어진다고? 바다에서 언제든
건져 올릴 수 있다는 믿음은 어디에서 비롯된 것인가. "사람들이 계속 일회용
플라스틱을 사용한다면 그것들이 썩지 않고 바다에 쌓일 거예요. 그럼 소금에도
걸러낼 수 없는 미세 플라스틱이 남아 있게 되겠지요." 끔찍했다. 내가 먹는
찌개에, 국에, 달걀 프라이에 소금과 미세 플라스틱이 함께 나뒹구는 모습을
상상했다. 위 속을 돌아다니는 작은 플라스틱 조각들. "그런 소금을 먹고 살면
우리 몸도 빠르게 망가지겠죠? 하지만 소금 말고도 이미 악화된 자원이 수없이
많아요. 저는 요리라는 수단으로 그런 문제에 계속 질문을 던지고 싶어요.
비관적인 생각일지도 모르지만 이 지구가 그리 오래 버텨줄 거라고 생각하지
않거든요. 하지만 우린 이런 시대에 살고 있고 지구는 신호를 보내오니까 할 수
있는 건 다 해봐야 한다고 생각해요."
그날 이후로 소금에 관해 자주 생각한다. '내가 지금 가진 돈을 다 모아서, 은행에
빚을 져서 전 세계 천일염을 다 사들인다면 나는 행복할까?' 하고. '나 하나 안전한
소금으로 요리해 먹고 산다고 뭐가 좀 나아질까?' 하고. 설사 내가 그렇게
전 세계 천일염을 다 사들여 미세 플라스틱 없는 소금을 가진 한들, 나는 또
다른 곳에서 미세 플라스틱 덩어리와 마주하게 될 터이다. 아니, 종국엔 깨끗한
소금이 잔뜩 있어도 해 먹을 수 있는 재료가 전혀 없을지도 모른다. 아니, 그 전에
내가 사라질지도 모르겠다. 문득 우스운 농담을 떠올린다. 나중엔 성형수술Plastic
Surgery을 받지 않아도 될 것 같다는, 그런 실없는 농담. 이렇게 매일매일 신용카드
한 장 크기의 플라스틱을 섭취하는 중이라면 플라스틱 서저리가 왜 필요하겠는가.
우리는 금세 플라스틱 인간이 되어버릴 텐데.

우붓의 원숭이 소굴에서 생각한 것들

이건 퇴사하고 발리로 떠난 후 쓰는 세 번째 이야기다. 나는 발리에서
서핑을 하다 부상을 당했고, 잠깐 쉬는 김에 근교를 여행하기로
마음먹었다. 그렇게 선택한 첫 번째 여행지는 바로 우붓이다.

글·사진 김건태

발리는 진짜 크다. 제주도 3배 정도의 면적으로, 그 크기만큼 다양한
환경을 경험할 수 있는 섬이다. 여행자의 눈으로 봤을 때 발리는 크게
네 지역으로 나뉜다. 상업 중심지인 덴파사르, 서핑의 성지 남부 해변, 해양
액티비티가 발달한 북동부 해안 그리고 화산을 중심으로 펼쳐진 우붓 산악
지대가 대표적이다. 대충 한라산을 중심으로 동서남북 사방의 분위기가
다른 제주도를 떠올리면 이해가 쉬울 것이다.
이번에 이야기하고 싶은 곳은 발리의 중부 도시 우붓Ubud이다. 우붓의
지명은 허브와 약초의 산지라는 의미를 담은 발리어 '우밧Ubad(약)'에서
유래됐다고 한다. 도시 전체가 거대한 숲의 일부라 봐도 무방할 만큼
자연과 함께 호흡한다. 우붓은 과거 서양 예술가들이 정착해 활동했기
때문에 예술가의 마을로도 불린다. 곳곳에 미술관이 많은 것도 그런
이유에서다. 약과 예술, 그러니까 치유와 영감이라는 두 개의 유산이
곧 우붓의 정체성을 말한다고 볼 수 있다.
발리 여행을 하기 전부터 우붓은 나에게 익숙한 도시였다. 주위에 우붓을
열렬히 사랑하는 지인들이 몇 있었기 때문이다. 채식과 요가를 즐기는
그들은 종종 나무 바닥에 바짝 엎드린 채 발바닥으로 자신의 뒤통수를
누르는 모습을 SNS에 올리곤 했다. 그러고는 이렇게 태그 했다. '#우붓
#한달살기 #디지털노마드 #요가 #전갈자세'. 전갈자리인 내가 유독
우붓을 친근하게 느낀 까닭이다.

발리 생활 한 달째, 서핑 실력은 도무지 늘지 않고 설상가상으로
갈비뼈에 실금이 갔다. 서핑을 처음 배우는 사람들에게 자주 나타나는
'초보병'이라고 했다. 어쩔 수 없이 며칠간 휴식을 취하기로 했다. '아픈
김에 놀자!' 피로 골절 진단을 받자마자 속으로 '나이스'를 외쳤다. 발리
긍정왕다운 태도로 우붓 행을 결정하고, 바로 다음 날 작은 배낭을 꾸려
여행길에 올랐다.
우붓은 내가 머무는 남쪽 해변 쿠타Kuta에서 두 시간 정도 떨어진 산골에
있었다. 택시 이용이 일반적이지만, 일행이 없는 나는 버스를 선택했다.
버스는 듬직하지만 둔한 친구였다. 예상 시간을 훌쩍 넘긴 네 시간여
만에 우붓에 도착했고, 기진맥진한 상태로 호텔 침대에 누워버렸다. 동료
서퍼들이 알려준 맛집 몇 개가 계획의 전부였기에 서두를 필요는 없었다.

전갈자리지만 전갈 자세는 할 수 없는 내게 요가는 다음 생의 일이었고, 1박에 수십만 원을 호가하는 숲속 리조트는 영 마음이 내키지 않았다(라고 쓰고 '지갑이 허락하지 않았다'라고 읽는다). 이제껏 여행이 그랬듯 발길 닿는 대로 걷고, 골목을 탐험하고, 지치면 길바닥에 앉아서 맥주를 마시는 게 전부인 시간. 유령처럼 흘러갈 뿐인 여행이었다.

다음 날 아침, 게으른 여행자의 호기심을 자극하는 작은 사건이 일어났다. 현관 앞 테이블에 조식 대신 빈 그릇 하나가 배달된 것이다. 나는 그릇을 들고 프런트로 갔다. "우붓에서는 아침에 접시를 먹는 전통이 있나요?" 프런트 직원은 호텔 지붕을 가리켰다. "저기 당신의 식사가 날고 있네요." 지붕 위에는 회색 털 원숭이 세 마리가 아침 햇살을 받으며 토스트 파티를 벌이고 있었다. 바나나 쟁탈전에서 이긴 한 녀석이 지붕 높은 곳에 올라 나를 내려다봤다. 거만한 얼굴이었다. 욱한 마음에 숙소에서 고용한 원숭이는 아닌지 추궁하고 싶었지만 그러지 않았다.

그러고 보니 언젠가 우붓의 실질적인 주인은 원숭이라는 말을 들은 적이 있다. 길거리 어디에서나 원숭이가 보인다고 했다. 특히 도시 중심에 있는 '몽키 포레스트'는 악명이 높았다. 힌두교 사원 세 곳이 자리한 몽키 포레스트는 다섯 부족의 원숭이들을 보호하는 우붓의 명소였다. 바르셀로나의 전설적인 소매치기도 이곳에서 지갑을 털렸다는 소문이 돌 정도였으니, 타고난 모험가인 내게는 흥미로울 따름이었다. 탐험을 떠나기 전에 유튜브를 찾아봤다. 원숭이에게 각종 소지품을 빼앗긴 이야기부터 쫓기고, 습격당하고, 물려 죽을 뻔했다는 이야기까지. 하나같이 원숭이의 폭력성을 증언하는 콘텐츠뿐이었다. 과연 이 모든 말이 사실이라면 숲을 폐쇄하는 것이 맞지 않을까? 조금 두려웠지만 겁쟁이라는 말을 듣는 싫었기에 씩씩하게 숲을 향해 걸었다.

당연하게도 원숭이의 숲에는 원숭이가 많았다. 나무 위에도 원숭이가 있고, 바위 위에도 원숭이가 있었다. 눈도 뜨지 못한 채 엄마 젖을 빠는 새끼 원숭이, 주위를 경계하는 어른 원숭이, 만사가 귀찮은 노인 원숭이가 있었다. 회색 원숭이와 갈색 원숭이, 고구마 먹는 원숭이와 사타구니를 긁는 원숭이도 있었다. 휴대폰을 하는 원숭이도 있었는데, 그건 휴대폰을 잃은 인간이 있다는 의미였다. 영화 〈혹성탈출〉(1968)의 시저처럼 말하는 원숭이를 기대했지만 그런 건 없었다.

한편 이곳에는 원숭이만큼이나 많은 인간이 있었다. 사진을 찍는 인간, 사진을 찍으라고 호객하는 인간, 원숭이에게 먹이를 주는 인간, 원숭이의 먹이를 노리는 인간, 인도네시아 인간과 한국 인간, 국적은 모르겠지만 아무튼 서양 인간도 있었다. 그 가운데 나는 잔뜩 쫄았지만 티 내지 않으려고 노력하는 인간이었다. 길을 걷다가 문신이 많은 덩치를 마주쳤을 때처럼 최대한 눈을 깔고 걸었다.

숲에서 어느 정도 시간을 보내고 나니 긴장이 조금 풀렸다. 걸음을 멈추고
원형 극장에 앉았다. 숨을 고르자 눈이 밝아졌다. 끝을 가늠하기 힘들
만큼 울창한 나무줄기 사이에서 새로운 것들이 보이기 시작했다. 다람쥐,
개구리, 새, 나비, 개미, 버섯, 꽃, 이끼, 움직이지 않는 바위와 아주 작은
숨을 쉬는 그 어떤 생명까지. 숲에서는 모든 것이 자기만의 박동을 가진
것처럼 보였다. 이 웅장한 생명의 둥지 안에서 나는 왜 그렇게 호들갑을
떨었던 걸까. 실상 가장 무서운 건 타인의 자연을 무시하는 인간일 터였다.
저마다의 고유한 질서를 온전히 바라보고 침범하지 않으려 노력할 때,
자연은 누구도 해치지 않는다.

그런 생각을 하는데 문득 무리에서 떨어진 원숭이 한 마리가 빠른 속도로
다가왔다. 그를 필두로 원숭이 두세 마리가 내 주위를 빙글빙글 맴돌았다.
뼁이라도 뜯으려는 걸까? 오줌이 마려웠다. 내가 뭘 잘못한 걸까…, 그저
감상에 젖어 잠시 아련해진 것뿐인데…. 당장에 뭐라도 바치고 싶었지만
가진 게 없었다. 다행히도 불량배 원숭이들은 내가 가난뱅이라는 것을
눈치챈 모양인지 이내 자리를 떴다. 자기들끼리 뭐라고 얘기를 한 것
같은데 하찮은 인간인 나로서는 그게 욕인지 덕담인지 알 수 없었다.

두어 시간 동안의 산책을 마치고 나오는 길에 이런 생각을 했다. 몽키
포레스트의 방점은 몽키가 아니라 포레스트에 있다는 것. 숲을 다녀간
몇몇 인간들은 원숭이의 포악한 실체를 폭로한다며 오두방정을
떨어대지만, 그들은 미처 숲을 보지 못한 사람이라는 생각이 든다.
원숭이의 숲에서 인간과 원숭이는 서로를 구경하고, 숲은 그 둘 모두를
지켜본다. 인간과 원숭이와 날짐승과 작은 생명, 이름 모를 무덤이 나무
지붕 아래 함께 있는 것이다. 서로의 영역을 거스르지 않는 상태로, 숲의
일원이 된 자기 자신을 타이르면서.
지구 반대편에서 시작된 듯 맹렬하게 솟은 나무 기둥을 보고 있자면,
숲은 어떤 상태가 아닌 거부할 수 없는 하나의 사건처럼 느껴진다.
숲이라는 지구의 거대한 뿌리 안에서, 가늠할 수 없이 깊게 뻗은 심연
안에서 인간인 내가 할 수 있는 건 별로 없다. 그저 "개쩐다!" 하고
비속하지만 온전하게 숲을 추앙하는 일뿐이다.

세상 너머에서 쉬기

나를 둘러싸고 있는 장소들은 한정적이다. 아무리 헤매도 세상의 일부만 구경하고 경험할 뿐일 텐데, 가끔은 세상의 모든 곳을 알고 있는 것 같은 기분이 드는 건 왜일까.

글·사진 전진우

지친 마음을 종종 맡겨두던 장소가 세상에 몇 군데 있다. 외딴 바닷가라든지 자주 찾아가던 가게처럼 실재하는 공공의 장소일 때도 있고, 애초에는 없는 곳인데 자꾸 상상하다 보니 정말로 그 안에서 잘 쉴 수 있게 된 장소들도 있다. 이 글은 후자에 관한 것이다. 그것은 마치 모래성처럼, 아무것도 없는 평평한 해변에 내 손으로 지었다는 점 그리고 잠시 다른 생각에 빠지면 삶의 파도가 밀려와 곧장 지워지곤 했다는 점이 특징이었다.

열 살 무렵, 친구들과 어딘가 놀러 가고 싶었던 나를 엄마는 더 중요한 일이 있다며 집에 잡아둔 적 있다. 내 마음도 모르고, 나를 데리러 온 친구들을 무심히 돌려보내고서는 아무렇지 않게 행동했다. 그 모습이 너무 미워서 나는 방문을 걸어 잠그고 소리 내 울었다. 분노에 휩싸여 상상했다. 집을 빠져나가서 사라져 버리는 상황을 말이다. 그때 머릿속에 떠오른 장소는 아파트 단지 한쪽에 있는 지하실이었다. 나를 포함한 친구 셋이서 각자 집에 있는 만화책과 담요, 과자 따위를 가져다 놓고 시간을 보내던 곳. 웬만해서는 아무도 올 일이 없는 구석진 장소였다. 시시콜콜 시간을 보내던 그곳은 더없이 깊숙한, 상상 속 동굴이 되어주었다. 거기에 들어가서 며칠이고 나오지 않으리라. 없어진 나 때문에 엄마는 놀라고 당황하고 끝내 후회의 눈물을 흘리게 되리라. 나는 사실 방 안에서 한 발짝도 나가지 않았는데, 그 상상만으로도 서러움이 한풀 꺾였다. 실컷 울고, 오래 숨는 상상에 빠져서는 제풀에 지쳐 잠들어 버린 것이다. 그런 유년의 오후를 몇 번이나 보냈을까. 나는 훗날 사람들 속에 섞여 지내며, 그런 상상 속 공간을 더 많이 만드는 법을 점차 터득해 나갔다.

멀리 달아나며 늘 함께

아파트 단지의 지하실부터, 결코 가볼 수 없을 것 같던 지구 반대편의
한적한 거리, 죄수들이 갇혀 있을 좁고 지저분한 독방도 내 상상 속에서는
나의 쉴 곳이나 다름없었다. 낯선 곳에 가 있는 나를 떠올리면 실제로
내 주변이 상상의 영향을 받는 것이 느껴졌다. 외로운 독방에 갇혀 있는
상상을 하다가 거리로 나가면 햇빛은 더없이 눈부시고 따뜻했던 것이다.
때로는 브라이언 이노Brian Eno, 히로시 요시무라Hiroshi Yoshimura 같은
뮤지션의 좋아하는 음악 한 곡이 내게 숨을 곳이 되어주기도 했다.
공간에서 음악으로 장소성이 사라지면서 나는 더 많은 순간들의 위로를
경험하게 되었다. 어쩐지 지금 이 순간 만큼은 세상에서 나만 듣고 있을
것 같은 그 음악들은 나의 친구이자 넓은 침대였고 고요한 호수였다.

"세상 사람들 너무 대단하지 않아?" 서른 무렵이 된 나에게 어느 날
회사 앞으로 찾아온 친구가 말했다. "아침에 일어나 버스 타고 출근하고
월세를 내거나 필요한 물건들을 갖추고 하는 모든 것들 있잖아. 그런
것들을 다들 당연한 듯 해내고 있다니. 가끔은 그 모든 게 나를 막막하게
해." 그러면서 친구는 그 모든 이들을 칭찬하고 다독여 주고 싶다고
말했다. 그건 자기 자신에게 보내는 위로 같기도 했다. 나는 그 기분을
알 것 같아서 조용히 고개를 끄덕였다. 그리고 그와 동시에 나는 도대체
어떻게 살아내고 있을까, 하고 내 생활을 들여다보았다. 그때도 알 수
있었다. 상상 속 세계들이 나를 지켜주고 있다는 것을.
뇌는 상상과 현실을 구분하지 못한다는 이야기를 들은 적 있다. 거짓말과
진실도 구분하지 못하며, 다만 떠오른 것에 반응한다는 내용이었다.
우스운 말처럼 들리기도 하고 한편으로는 무서운 이야기 같기도 하다.
그렇다면 지금의 나와 나를 둘러싼 환경이라는 건 모두 내 생각의
결과이고 상상의 실체라는 말일까. 내가 그동안 무얼 꿈꾸고 살아왔는지
돌아보게 하는 이야기였다. "너는 내가 아는 사람 중에서는 계획적인
사람이야." 언젠가 친구가 내게 말했다. 나는 깜짝 놀랐다. 스스로 그렇게
생각하지 않았기 때문이다. 그와는 반대로 언제나 이루지 못한 것을
아쉬워하며 사는 사람 중 하나였다. 놀란 나에게 친구가 덧붙인 말은
완두에 관한 내용이었다. "네가 가구 회사에 다닐 때 늘 하던 말은 완두와
살 거라는 얘기였어." 그 당시 나는 출퇴근하며 동물을 돌볼 수 없다는
생각에 부모님에게 완두를 맡겨 놓고 가구 회사에 다니고 있었다. 기술을
배워 독립하면 완두를 혼자 두지 않아도 된다는 계획이 있었다. 간절하던
과거의 내 모습이 문득 떠올랐다. 2년만 기다려 달라는 부탁이 3년이
되었지만, 결국에는 원하는 대로 이루어진 것이다. 친구의 관찰과 건네준
말은 내가 나 자신에게 할 수 있는 것보다도 한참 아름답게 느껴졌다.
덕분에 나는 내 상상 속 이야기들을 이렇게 꺼내볼 수도 있었을 것이다.
파도가 밀려와 또다시 무너뜨리기 직전에 말이다.
모래성처럼 아득한 장소들. 그 기분들과 꿈들. 그렇게 지어지고
무너지기를 반복하며 나를 지켜주던 상상 속 공간들을 떠올리다 보면,
내가 여러 시절 살아온 삶이 마치 바닷가에 앉아 파도와 말없이 보낸
평화로운 한나절 오후 같다는 기분도 든다. 잠시라도 삶을 이렇게 느껴볼
수 있다니. 감사함을 말하고자 나는 어디에 대고 고개 숙여야 할까.

삶을 부대끼며 지구를 이해하기.

Essay

격한 공감

우리 집에는 강아지 친구가 두 마리 있었는데 툴 중 '세째(내 강아지 이름임)'는 꼭 사람 같은 구석이 있었다. 말귀를 특별히 잘 알아듣고 유독 영특하게 굴어서 그런 건 아니고 표정이 좀 사람 같았다. 세째는 그러려고 한 것이 아니겠지만, 늘 진지한 표정을 하고 있었다. 마치 차인태나 안성기처럼… 그런 진지한 표정으로 사람 말을 알아듣지 못한다는 것이 너무나 웃기고 귀여웠다. 무슨 이야기를 할 때면 진지한 얼굴로 다 알았다는 듯한 표정을 지었지만 단순히 산책 혹은 간식이라는 단어가 나오길 기다릴 뿐이라는 걸 알고 있었으니. 그런데 그 진지함은 얼굴에 국한된 것이었고, 세째는 잘생긴 외모와는 다르게 짧고 통통한 몸매를 가지고 있었다. 흡사 웰시코기와 비슷한 몸매였다. 진지한 얼굴에 그렇지 않은 몸매를 하고 있었으니 볼 때마다 웃음이 났다.

나는 종종 세째의 엉덩이를 토닥거렸다. 신기하게도 언제나 소파에 앉거나 누우면 그곳엔 세째의 엉덩이가 있었다. 티브이를 보면서 늘 쫑쫑하고 토실토실한 엉덩이를 쓰다듬었다. 처음엔 쓰다듬다가, 토닥거렸다가, 나중엔 푸다닥 소리가 나고 먼지가 흩날릴 정도로 토닥거렸다. 세째의 얼굴은 처음엔 예쁨받는 강아지처럼 새침한 표정이었다가 언제부터인가 예쁘게하는 진지 괴롭히는 진지 몰라 어리둥절한 표정으로 바뀌었다. 그러고 '이 새끼 이가 장난치는 것이로구나.' 깨닫게 되면 몸을 돌려 전쟁을 시작했다. 세째가 고개를 돌려 손등을 물려고 달려들면 누런 이빨이 드러났고 입 냄새가 났다. 입 냄새 나는 잘생긴 사람… 나는 숨을 참고, 바쁘게 손을 움직이며, 한편으로는 태연하게 티브이를 보는 척하며 엉덩이를 두닥거렸다. 으르렁거리는 맹수의 소리와 푸닥거리는 소리가 거슬을 울리면 강아지 털 날린다고 소리치는

엄마의 목소리가 울려 퍼졌다. 너도 좀 그만하라고 세째에게도 소리쳤다. 마치 사람들끼리의 싸움을 말리는 목소리 같았다. 사랑은 때때로 격하게 전해진다. 말로 해서는 소용없다고 말하는 폭력거들이 느리와 비슷하다. 너 귀엽다고 너 사랑한다고 말로 해서는 충분히 전달되지 않으니 먼지가 나도록 두닥거리하는 것이다. 그 과격함은 단순한 에너지의 변환일 수도, 아니면 좋아하는 마음을 쏟은 후에 조금은 편안한 상태로 있고 싶은 것일 수도 있다. 가끔 연인 사이에도 과격함이 오고 간 후에 곧 평온이 찾아오곤 한다. 어디부터 폭력이고 어디까지 사랑인지는 아무도 모를 일이지만 과격함은 대상에 닿는 여러 가지 방법 중 하나임에 틀림이 없다. 때때로 그 반대 과정을 생각해 볼 수도 있다. 그러니까 내가 무언가를 격하게 대할 때 나는 어떤 대상을 사랑하는가 생각해 볼 수도 있을 것이다.

어느 날 친구가 메신저로 사진 몇 장을 보내줬는데, 몇 년 전 여름 방파제에 죽 늘어져 서 있고 있는 나와 친구들의 사진이었다. 친구 몇 명과 함께 바닷가에서 격하게 놀던 그해 여름, 모든 힘을 다 쏟은 후에 마치 널어놓은 건어물처럼 바닥에 누워 있었다. 특히 어떤 사진에서는 나의 피부가 불긋불긋하게 보였는데 그건 다이빙하다가 생긴 자국이었다. 방파제에서 물로 뛰어들 때 능숙하게 하질 못해 배때기로 큰 물보라를 튀기며 들어갔고, 그럴 때마다 몸에는 붉은 자국이 하나씩 늘어났다. 아팠지만 이것이 여름의 기분이 아닌가 생각하면서 연거푸 물속으로 몸을 던졌다. 피부의 붉은 자국을 나는 바다의 손자국이라고 불렀다. 마치 내가 세계의 공동을 토닥거리면 것처럼 바다가 나를 토닥거린 것으로 생각한 것이다.

나는 물속으로 몸을 던지는 활동을 무척 좋아한다. 그것을 다이빙이라고 한다. 문득 이런 상상을 한 적이 있었다. 나중에 죽어서 우주 곳곳에 흩어져 살던 생명체들이 모여 자기가 살던 곳 이야기를 하게 된다면? 그때 무슨 이야기를 해야 서로가 살던 곳을 이해할 수 있을까? 음식도 음악도 기후도 역사도 모두 달라서 뭐 하나 설명하기에 너무 까마득할 텐데…

나는 그때 다이빙을 떠올렸다. 다이빙의 기분은 행성의 무게에 따라 다르다. 그리고 행성을 구성하는 물질에 따라 다르다. 그래서 각자 다른 행성에서 온 생명체들이 자신의 다이빙에 대해서 이야기할 때 각자 다른 기분을 말할 것이라고 생각했다. 하늘에서 떨어지는 속도도 다를 테고 물속에 빠져 들어가는 속도도 다를 것이다. 그럼 물에 빠질 때 물이 튀기는 모양과 따가운 정도도 다를 테니, 몸에 닿는 붉은 자국도 다를 것이다. 그렇게 다이빙 이야기를 하면 각자가 살던 행성이 어떤 곳인지 이해하고 궁금해할 수 있을 것이다. 다이빙은 겨우 물에 대한 이야기가 아닌 지구에 대한 이야기라는 것을 깨닫고, 나는 물에 뛰어들며 바다가 아닌 지구와 놀기 시작했다.

몇 년 전 지구와 더 격하게 놀기 위해서 다이빙을 전문적으로 배워보려고 한 적이 있다. 주말마다 잠실 올림픽 경기장에 있는 수영장에 가서 다이빙 선수에게 다이빙을 배웠다. 공중에서 앞으로 돌고 뒤로 돌고 그런 건 별로 관심 없었다. 오직 안전히 보장된 곳에서, 최대한 높은 높이에서 뛰고 싶었다. 지구는 날 얼마나 격하게 반겨줄지 궁금했다. 생각보다 진도는 빠르게 진행됐다. 처음엔 1미터, 다음엔 3미터, 5미터… 뛰어내리는 높이가 빠르게 높아졌다. 7미터에서 뛰었을 때는 떨어지면서 몸이 점점 기우는 것을 경험했다. 몸이

사선으로 기울었다는 것을 알면서도 뭘 어떻게 해볼 수 없는 무력감을 느꼈다. 그대로 물속에 박혀버렸다. 10미터 다이빙대에 올랐을 때는 아래서 올려다보이던 높은 천장이 바로 머리 위에 있는 걸 볼 수 있었다. 아래서 올려다볼 때는 가늠이 안 되던 원형 철제 구조물이 내 몸보다 두꺼웠다. 한 발은 다이빙대 밖에 두고 한 발로 서서 뛸 준비를 했다. 저 아래 사람들이 나를 올려다보고 있었는데 그 광경이 무섭고 아찔했다. 그냥 한 다리 들고 서 있을 뿐인데 몸이 좌우로 휘청거렸다. 아래서 누군가 목소리를 내면 그 소리가 콘크리트 천장을 울린 후 내 귓속으로 들어왔다. "엄 엄 춰 춰!! !!" 뛰어내리지 말고 그냥 내려오라는 소리가 천장에 맺혀 들려왔다. 높은 곳에 서서 화청거리는 내 모습이 불안해 보였던 것이다. 나는 한편으로 안도하며 들고 있던 한쪽 다리를 내렸다. 그리고 다리를 후들거리며 계단을 내려왔다. 난간을 꽉 붙잡고 내려오며 지구는 이런 곳이구나, 깨달았다. 그 위에서 나는 사랑과 폭력의 경계를 보았다. 지구가 물로 점벙 뛰어드는 건 7미터까지구나…

무언가를 사랑한다는 건 몸을 비비면서 노는 것. 격하게 아끼는 것과 격하게 사랑하는 것 그리고 두려워지는 것, 이 모든 것이 몸을 비비는 일에서부터 시작한다. 그것은 때로 지나칠 수도 있으나 그 지나친 모습까지도 않아버리면 그제야 사랑하는 대상을 이해하게 되는 것이 아닐까? 나는 지구를 더 얕게 되었다고 생각하며 다이빙 수업에 더 이상 나가지 않았다. 무서워서 나가지 않은 것도 있지만, 그 두려움을 극복할 만한 감종이 더 이상 느껴지지 않았기 때문이기도 하다.

자전거를 타는 기분

글 한수희

일러스트 서수연

이달의 주제는 지구와 환경이라는 메일을 받았다. 지구와 환경에 대해
뭐라고 쓸 수 있을지 고민해 봤는데, 아무리 해 봐도 이 문제에 대해
나는 달리 흥미로운 생각을, 읽어볼 만한 의견을 가지고 있지 않다는
결론에 이르렀다. 그런 것은 나보다 더 훌륭한 사람들에게 맡긴다.

유례 없는 기상이변으로 지구가 한계에 도달했다는 경고를 쉴 새 없이 보내고 있음에도 이 미물에게 미래란 너무나 멀다. 최소한 우리 집에서 북극까지의 거리만큼은 멀다. 북극이 우리 집 뒷산이었다면 나도 지구의 미래를 걱정하느라 잠을 못 이루고 역류성식도염이 도지고 입안에 혓바늘이 돋았겠다. 그러나 나는 지금 나의 미래를 걱정하느라 잠을 못 이루고 역류성식도염을 앓고 혀가 쓰려 괴로워하고 있다. 내 인생이야말로 진짜 위기인 것이다.

요 근래에 나는 염증도 없이 몇 주째 혀가 아파서 동네 병원을 전전했으나 다들 이유를 몰랐다. 인터넷을 검색하니 구강작열감 증후군이라 했다. 그다음부터는… 건강 문제로 인터넷을 검색하다 보면 울적해지다 못해 공황 상태에 빠지게 마련이다. 안 되겠다, 큰 병원에 가보자.

실족할까 두려워요. 얼마 전에 생긴 점이 흑색종이 아닐까 두렵고, 내 아이들의 성적표가 그 아이들의 미래일까 두려워요. 내가 가난하고, 아프고, 외로운 노인이 될까 두려워요. 아니, 노인이 되지도 못한 채 죽을까 두려워요. 그래서 나는 매일 밤 악몽에서 깨어나서 벌벌 떨어요. 그래서 나는 사는 게 두려워요. 이게 사는 건가요? 네? 하지만 여긴 정신과가 아니고, 나는 그냥 걱정스러운 얼굴로 입을 꾹 다물었다.

병원을 나올 때쯤에는 아무것도 달라지지 않았음에도 기분이 좋아졌다. 걱정했던 병원 진료를 끝냈다는 성취감에, 날씨마저 맑아서 마음이 절로 들떴다. 그래, 도넛을 사자. 이 기분엔 도넛이다. 도넛을 사러 가다가 따릉이가 보여서 따릉이를 탔다. 나는 따릉이를 좋아한다. 서울 시내 한복판을 자전거를 타고 달리는 기분은 말해

아침 7시에 전철을 타고 가서 세 시간을 기다려 겨우 만난 의사는 보자마자 "이 증상으로 오시는 분들이 아주 많은데… 암이 아니에요. 절대 암은 아니에요."라고 말했다. 안심시키려 한 말인 것 같았다. 나는 '암이 아닌 줄은 진작에 알고 있었다고요!' 하고 속으로 소리쳤다. 내가 걱정하는 건 이런 거였다. 나는 이 증상이 강도를 더해갈까 봐, 내 일상을 잠식할까 봐 두려워요. 이것 때문에 내 삶이 피폐해질까 두려워요. 내가 더는 통제할 수 없는 방식으로 나 자신이 변해갈까 두려워요. 나는 나를 믿지 못하고, 그렇기 때문에 나는 미래가 두려워요. 맞아요. 사실 나는 모든 게 두려워요. 밤중에 아파트에 불이 날까 두려워요. 아침에 학교에 가던 아이들이 교통사고라도 당할까 두려워요. 남편이 갑자기 사라질까 두려워요. 바다에 가면 물에 빠질까 두렵고, 산에 가면

뭐해, 최고다. 세상 부러울 것이 없다. 기분 때문인지 실로 오랜만에 혀의 통증이 견딜 만했고, 나는 오르막길도 쉴 새 없이 페달을 밟으며 달렸다. 아드레날린이 솟구치고 세로토닌이 폭발했다. 아아, 인생은 아름다워!

마이크 리의 영화 〈해피 고 럭키〉(2008)는 자전거를 타고 런던 거리를 달리는 포피를 오랫동안 비춰주며 시작한다. 포피는 초등학교 교사로 일하는 서른 살의 여자다. 늘 웃는 얼굴에 낙천적인 성격인 그녀의 삶은 항상 즐겁다. 포피의 재산은 좋아하는 직업과 좋은 친구들 그리고 건강한 몸과 마음이다. 자전거를 도둑맞아도 웃고 아파도 웃고 당황해도 웃고 미안해도 웃고 화가 나도 웃고 무시를 당해도 웃는 포피. 그야말로 '해피 고 럭키', 낙천적이고 태평한 사람.

그런데 포피의 운전 강사 스콧은 그녀의 정반대 쪽에 있는 사람이다. 언제나 화난 얼굴의 스콧은 늘 최악을 생각하는 꽉 막힌 원리원칙주의자에 온갖 불만으로 가득 차 있으며 인종차별주의자에 음모론자다. 누구도 그를 좋아하기는 힘들 것이다. 그런 스콧을 포피는 비좁은 차 안에서 웃으면서 놀려대는데, 거의 불난 집에 휘발유 끼얹기다. 두 사람의 운전 교습은 웃기면서도 조마조마하다.

한 인간이 다른 인간을 만나 변하는 것이 동서고금 대부분 이야기의 줄거리이나, 스콧은 그러지 못한다. 아니, 포피가 자신에게 호감이 있다고 착각한 스콧은 상처받고 절규한다. 이제 스콧은 마음의 문을 더 굳게 닫아걸 것이다. 그러거나 말거나 포피의 인생은 앞으로도 즐겁고 행복할 것이다. 문득 그런 생각이 든다. 어쩌면 인간이 변한다는 건 달콤한 거짓말이 아닐까. 인간이 그렇게 쉽게 변할 수 있을까.

마이크 리의 영화에는 대개 비현실적으로 좋은 사람들이 등장한다. 동화 속에나 존재할 것 같은 착하고 따뜻하고 낙천적이고 건강한 사람들. 그리고 그런 그들의 주변에는 항상 불행한 사람들이 유령처럼 배회한다. 실패한 사람들, 부적응자들, 비관주의자들, 약자들, 밉상들, 진상들.

그런데 그의 영화를 다 보고 나면 언제나 묘한 기분이 드는 것이다. 어쩌면 진짜 유령은 주인공, 그러니까 좋은 사람들이 아닐까? 현실에는 존재할 리 없는 사람들. 이상향들. 지독하게 운 좋은 사람들. 햇살 아래에서 그림자가 더 진해지는 것처럼 불행한 이들은 행복한 이들 때문에 더 불행해 보이고, 나는 왠지 그 불행에 대해서 잘 알고 있는 것 같다. 그들의 불행은 이상하게 친근하다. 그래서 스콧을 보면 화가 나기보다는 슬퍼지고, 포피를 보면 좀 어이가 없다가 슬슬 화가 난다. 나는 도무지 포피에 나 자신을 대입할 수가 없다. 그렇다고 스콧에 나를 대입할 수 있는 것도 아니다.

어쩌면 나는 지금껏 나를 마이크 리의 영화 속 주인공으로 착각하고 살았는지도 모른다. 나는 포피처럼 행운아이며 행복한 사람이라 믿었다. 내가 남보다 더 많은 걸 가진 줄 알았고, 남보다 낫다고 생각했다. 그래서 내 주변의 외로운 사람들, 어리석은 사람들, 불행한 사람들을 보면서 안타까워하고, 책임감을 느끼고, 때로는 넌더리를 냈다. 마치 영화 속에서 포피에게 철 좀 들라고 잔소리를 퍼붓는 여동생처럼 말이다.

그런데 내 심신이 흐트러지자, 이유 없이 혀가 아픈 이상한 상태에 처하고 나자 화창한 날 새똥 벼락이라도 맞은 것처럼 아찔한 기분이 들었다. 나는 어쩌다가 이런 병에 걸린 걸까? 어쩌면 나는 불행한 것이 아닐까? 내가 불행한 걸 나만 몰랐던 게 아닐까? 이 와중에 누가 누굴 동정하나? 그래, 이게 꼴값이다. 이런 게 꼴값이 아니면 무엇이 꼴값이겠는가.

나의 꼴값이 당황스러워 나는 이럴 때 내가 하는 일을 했다. 내 책장에 꽂힌 책들 중 이런 나를 구원해 줄 책을 꺼내 다시 읽어보는 것이다. 이번에는 박혜윤의 《도시인의 월든》이다.

전작 《숲속의 자본주의자》를 통해 미국의 시골집에 살며 온 가족이 농사도, 노동도 하지 않고 한가롭게 빵을 굽고 주로 뒹굴뒹굴하며 사는 실험적인 삶에 대한 이야기를 들려준 그는, 이번에는 헨리 데이비드 소로의 《월든》을 읽으며 생각하고 배운 것들을 썼다. 책장을 넘기자마자 지난번에도 밑줄을 그은 프롤로그의 이 문장이 눈에 들어왔다. "인생의 어떤 것은 모순이고, 어떤 것은 실패이고, 어떤 것은 성공인 것이 아니다. 그 모든 것이 삶이다." 그는 여기에 이렇게 덧붙인다. "그 누구도 자격이

있어 태어나고 살아가는 것이 아니듯, 삶 역시 유능함에 대한 보상이 아니다. 이 세상에는 불완전하고 모호한 그 상태 그대로 살아남을 공간이 있다."

"삶 역시 유능함에 대한 보상이 아니다."라는 문장에 나는 또 한 번 충격을 받는다. 기분 좋은 충격이다. 아닌 척했지만 나는 늘 내가 유능해야 삶이 온전히 주어진다고 믿었다. 노력하지 않으면 아무것도 얻지 못하는 것이 인생이라 생각했다. 이런 생각은 필연적 오만함으로 이어진다. 지금껏 내가 이룬 모든 것이 100퍼센트 내 노력의 결과라는 자랑스러운 확신. 불행한 사람들은 노력하지 않았기 때문에 그렇게 된 것이 분명하다는 남부끄러운 속마음.

그런데 이런 오만한 확신은 사실, 불안과 등을 맞대고 있다. 유능하지 않으면, 노력하지 않으면 아무것도 얻을 수 없는데, 과연 나는 삶이라는 이 역경을 이겨낼 수 있을까? 아니 그런데 삶이 역경이라면, 나는 대체 무엇을 위해 살아가고 있는 거지?

> 아이에게 공부를 시키지 않으면 미래에 어떻게
> 될까? 지금 돈을 벌지 않으면 어떻게 될까?
> 이런 상상은 우리를 불안하게 하고, 공포에 질리게
> 만든다. 하지만 공부를 하거나 하지 않고, 돈을
> 벌거나 벌지 않고 대가를 치르는 양자택일의
> 선택이 아니라 그런 선택 밖의 삶을 떠올리는 것도
> 상상으로 가능하다. 아직 방법은 모르지만 공부를
> 하든 말든 살아갈 수 있고 삶을 즐길 수 있는
> 가능성을 그려보는 것이다.
> – 박혜윤, 《도시인의 월든》 중에서

박혜윤은 불안과 공포에 대한 대안으로 선택 밖의 삶을 떠올리는 상상력에 대해 말한다. 임금노동을 하지 않고 말 그대로 유유자적 놀며 생활하는 것이나, 한 달에 생활비가 100만 원이 드는 것이나, 부모가 아이들 공부에 목매지 않는 것 모두 그들만의 사적인 실험일 뿐이다. 정답도 아니고, 따라 할 필요도, 반박할 필요도 없는 것들이다. 그러면서 그는 성공도 실패도 우리의 통제 아래 있는 것이 아니며, A의 반대는 'A가 아닌 것'이 아니라 B나 C, Z, 또는 A'일 수도 있다고 이야기한다. 결국 스스로 정해놓은 경계와 한계 밖의 세계에 대해 더 적극적으로 상상해 보는 노력, 힘을 빼고 이런저런 일들을 실험하듯 사는 태도가 중요하다는 것이다.

상상력의 부재와 지나친 경직성은 때로 삶을 피하고 싶을 만큼 무시무시한 역경으로 만들어 버린다. 삶을 역경처럼 느낄 때 나는 마치 포피의 운전 강사 스콧 같다. 늘 최악의 상황을 생각하고, 사람들과 세상을 미워하고, 돌처럼 잔뜩

굳어 있는 나.

좋지 않은 일들이 일어나면 불행해질 것이라 믿었다. 아프거나, 실직하거나, 돈을 잃거나, 가족을 잃으면 삶이 끝장날 것 같았다. 좋지 않은 일들이 일어나서 반대로 좋은 일이 일어날지도 모른다는 가능성에 대해서는 별로 생각해 보지 않았다. 좋지 않은 일들 때문에 인간이 반드시 불행의 수렁으로 빠지는 것은 아니라는 생각도 해본 적이 없었다. 근래 내가 겪은 위기도 어쩌면 이런 것들의 축적에서 비롯되었는지 모른다. 내 마음과 몸이 어느 지점에서 살짝 오류를 일으킨 것이다. 어쩌면 나는 나의 경계와 한계 너머에 대해 좀더 상상해 볼 필요가 있을 것 같다.

> '나'의 중요성을 과장하고 그 때문에 불안에 빠져
> 실상은 남의 일이나 사회적 시선, 걱정거리에
> 신경을 쓰고 있으면서도 깨닫지 못하는 상태가
> 아니라, '나' 밖의 세계를 상상함으로써 내가
> 아무것도 아니라는 사실을 수용하고, 그 상상의
> 세계를 다른 사람과 나누는 이야기로 채우는
> 것이다.
> – 《도시인의 월든》 중에서

나는 자전거를 좋아한다. 자전거를 탈 때 나는 언제나 〈해피 고 럭키〉의 첫 장면에 등장하는 포피 같다. 나는 '해피 고 럭키'다. 나는 부러울 것도 두려울 것도 없다. 나는 세계에서 최고로 낙천적이고 태평한 여자다. 내 혀의 통증은 암이 아니고, 나는 튼튼한 두 다리로 페달을 밟을 수 있고, 나는 자전거를 탈 줄도 안다. 나는 능력자다. 내 앞에 어떤 미래가 놓여 있어도 그럭저럭 괜찮을 것 같은 기분이 든다. 외적인 조건은 아무것도 달라진 것이 없으나, 자전거 위에서 페달을 밟는 나는 마치 경계를 가볍게 넘어버린 것 같은 기분이 든다.

> 끔찍하고도 확실한 미래를 담담하게 긍정하면서도
> 지금 충만하게 살아갈 수 있는 것이야말로 인간이
> 누릴 수 있는, 혹은 누리고자 노력해야 하는
> 자유일지도 모른다. 그리고 그 자유는 종종 나에
> 대한 이해에서 비롯된다. 내가 그토록 강력하게
> 믿고 있는 주장들은 도대체 내가 어떤 사람인지
> 이해하는 데 필요한 시작이다.
> – 《도시인의 월든》 중에서

아, 그리고 자전거는 환경에도 좋다(간신히 이달의 주제와의 연결 고리를 발견했다). 지구도 이런 나를 어여삐 여기리라.

1.   2.   3.

4.   5.   6.

1. 평온한 날 | 김보희 | 마음산책

국제 미술관에서 김보희 작가의 전시를 관람한 적이 있다. 프레임 속 청명하게 빛나는 식물들을 관람하는 동안 꼭 잘 가꿔놓은 정원에 들어온 것만 같은 감각을 받았더랬다. 김보희 작가는 제주에 머무르며 자연이 선사한 장면들을 기록한다. 그의 첫 그림 산문집에는 작가에게 푸른 영감을 선사하는 작업 공간과 휴식처에서 남긴 그림과 단상들을 수록했다. "초록 그림이 많아진 것은 자연스러운 삶의 반영이다. 그 싱싱한 초록 속에 내가 살고 있다는 증거다."

2. 무해한 하루를 시작하는 너에게 | 신지혜 | 보틀프레스

우리에게 닥쳐올 미래를 상상하며 불안에 떠는 것만으로는 아무것도 해결할 수 없다. 그럴 땐 용기 내어 시작한 작은 행동이 적절한 대안이 되어주곤 한다. 자연을 경외하며 그와 함께 호흡하는 저자 신지혜는 사람과 생명체가 공존하는 건강한 문화를 만들고자 자신의 주변을 철저히 돌본다. 무해한 걸음들이 모여 더 나은 내일로 향한 이정표가 되어 줄 것이라 믿으며.

3. 비혼이고요 비건입니다 | 편지지, 전범선 | 봄름

'비거니즘'이란 단어는 너른 그릇과도 같다. '채식주의'보다 훨씬 더 많은 의미가 담겨있기 때문이다. 편지지와 전범선은 이를 '살림'으로 번역하며 모두가 잘 먹고 잘살기 위해서는 '살림'의 태도를 새겨야 한다고 말한다. 그들에게 잘 살고 잘사는 일이란 곧 잘 사랑하겠다는 다짐이기도 하다. 책 중간중간 수록된 그들의 섬세한 마음이 묻어나는 레시피는 비건 음식에 익숙하지 않은 사람들조차도 구미가 당길 만큼 먹음직스럽다.

4. 〈그레타 툰베리〉(2020) | 나탄 그로스만 | 다큐멘터리

2018년 8월부터 매주 금요일마다 스웨덴 의회 앞에서 등교 거부 시위를 하던 15세 소녀. 그의 이름은 그레타 툰베리다. 어른들이 학교로 돌아가지 않고서 무엇을 하냐고 손가락질할 때도, 묵묵히 자리를 지켰던 그는 2019년 UN 기후 행동 정상회의에 참여하여 연단 앞에 선다. 청소년 대표가 아닌 이 지구를 살아가는 한 사람으로서 목소리를 냈다. "우리는 지구를 지키고 있어요. 최선을 다했다고 말할 수 있도록." 확신에 가득 찬 이야기를 듣고 있자면, 평범한 소녀 또한 세상을 바꿀 만큼 강한 목소리를 낼 수 있다는 사실을 깨닫게 된다.

5. 〈알카라스의 여름〉(2022) | 카를라 시몬 | 드라마

작은 마을에서 복숭아 농장을 운영하며 가업을 이어오던 가족들은 3대째 가꿔오던 부지를 빼앗길 위기에 처한다. 지긋하게 나이가 든 나무들을 제거하고, 그 자리에 들어서는 태양 전지판을 관리해야만 한다는 소식을 접하게 된다. 인물들이 소유권 갈등과 첨예한 의견 대립을 거치는 동안 대지 위에는 여름이 찾아오고 과실은 태연히 익어 간다. 그 광경을 보며 문득 그런 질문들이 떠오른다. 꼭 대지의 주인이 인간이어야만 할까?

6. 〈날씨의 아이〉(2019) | 신카이 마코토 | 애니메이션

이제껏 신카이 마코토가 그려왔던 물기 어린 풍경들은 아름다웠다. 하지만 〈날씨의 아이〉에 등장하는 도쿄 전체를 삼킬 듯이 쏟아지는 폭우를 보고 있자면 섬세한 묘사에도 불구하고 잔인하다는 말이 먼저 떠오른다. 나비의 날갯짓이 거대한 태풍을 불러일으켰듯, 사소한 행동이 불러온 어마어마한 재난. 침수된 잿빛 도시의 이미지는 도심의 자연재해는 먼일이라고 생각했던 사람들에게 경각심을 준다.

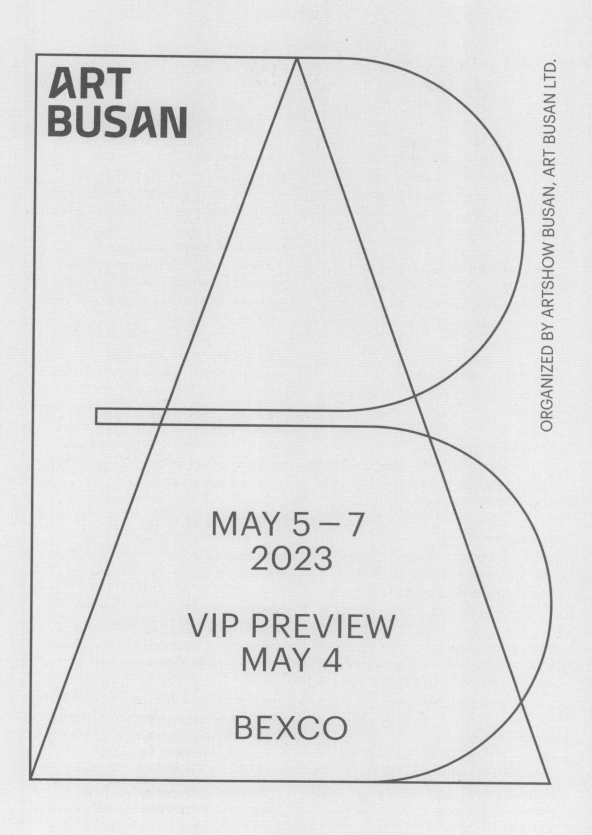

ART
BUSAN

MAY 5 – 7
2023

VIP PREVIEW
MAY 4

BEXCO

ORGANIZED BY ARTSHOW BUSAN, ART BUSAN LTD.

우리의 지구

지키고 싶은 지구의 아름다운 장면들

한밤중 찻길에서 만난 노루 | 발행인 송원준
깜깜한 밤 찻길에 노루가 뛰어 들어왔다. 급브레이크를 밟았는데
그 친구도 놀랐는지 한참을 꼼짝도 하지 않고 날 쳐다봤다.
차 안에 있던 식구들은 앞으로 와 노루를 구경했고, 좀 안정이
되었는지 어둠 속으로 유유히 사라졌다.

어라운드 3층의 나른한 고양이 식구들 | 편집장 김이경
길을 잃거나 주인을 잃은 고양이와 식구가 된 지 12년째다. 3층에
가면 언제든 평온하게 드러누워 있는 고양이 친구들을 오래 볼 수
있으면 좋겠다. 햇볕이 잔뜩 들어오는 날 코 골며 낮잠 자는 모습을
오래 지켜줘야지.

꺄르르 | 수석 에디터 이주연
마스크 없이 마음껏 뛰노는 아이들 표정이 얼마나 사랑스러운지,
잊고 싶지 않아.

아이슬란드 굴포스 | 에디터 오은재
코로나19 직전 떠났던 대자연 탐방. 드넓게 펼쳐진 설원과 무섭게
곤두박질치는 물줄기들을 바라보다 생각했다. 앞으로도 평생
동안 대자연에게 지면서 살아야지.

바다 생물들 | 디자이너 양예슬
피로 물든 바다에서 건져지는 고래들을 보고는 경악을 금치
못했다. 지금도 1분에 5백만 마리의 물고기가 남획되고
있는데, 이 추세가 지속되면 2048년 무렵에는 바다가 텅 빌
거라고. 연거푸 생각한다. 지구는 인간의 것이 아니라고.

발밑의 구름 | 디자이너 손혜빈
열 살쯤 갔던 겨울 바다 여행. 아침잠도 덜 깬 채로 마주한
모래사장엔 바람에 언 파도가 흩날렸다. 사진 한 장 남기지 않고
말없이 감탄하던 순간이 아름답게 생생하다.

우리 곁의 노을 | 마케터 윤혜원
날씨 아이인 나는 오늘 노을은 어떤 색일지 가늠해볼 수 있다.
우연이 아니더라도 마주하는 노을을 보면 꼭 그 시간을 지키고
싶어진다. 곁에 함께한 노을 덕에 가파른 곳 일지라도 내내 걷고
싶다.

제주 사려니 숲길 | 마케터 김연영
눈이 쏟아지던 날 마주한 사려니 숲길을 잊을 수가 없다.
편백나무가 지닌 초록빛과 소복이 쌓인 눈의 하얀 세상, 그리고
우연히 마주친 고라니의 갈색 눈은 오랫동안 기억에 남겠지.

노루가 노니는 한라산 | 에디터 김현지
우거지게 자라난 나무들의 굴곡을 바라보며, 몽실한 구름을
발아래에 두고 걷는 황홀함이란. 그러다 언덕 위에서 풀을 뜯어
먹는 노루를 발견했지 뭐야. 지구의 모든 아름다움이 이곳에 모여
있었어.

손 잡고 걷는 노부부의 뒷모습 | 에디터 이다은
느린 걸음과 좁은 보폭과 다정한 침묵을 언제까지고 지켜보고
싶다. 언젠가 우리의 모습이 될 테니까.

서울의 별 | 에디터 이명주
콧대 높은 빌딩들이 빛을 쏟아내도, 키 큰 나무들로 둘러싸여 있지
않아도 운이 좋다면 서울의 별을 만날 수 있다. 콕콕 박힌 별을
헤아리다 보면 슬그머니 행복해지는 마음.

별 | 브랜드 프로젝트 디렉터 하나
저게 별인지 위성인지 의심하면서도 반갑다. 도시에서 자라
은하수 한번 본 적 없다는 걸 안타까워하는 아빠의 말을 들은
후부터 자꾸 맑은 밤하늘이 보고싶고 기대하게 돼.

털복숭이 아이들 | 브랜드 프로젝트 매니저 정현지
연남동에는 유독 동물 친구들이 많다. 우리와 함께 있는 세
고양이와, 산책하는 강아지들, 그리고 나무 사이의 새들까지.
이들이 지구에서 더 행복하게 살 수 있기를 바란다.

산등성이에 걸린 구름이 움직인다 | 브랜드 프로젝트 매니저 지정현
지구가 스스로 돈다는 사실을, 시간이 흐르고 있다는 감각을
눈으로 목격하는 장면. 가만히 있을 때 볼 수 있으니까, 게을러지고
싶은 마음을 콕콕 찌르는 지구의 경고일지도.

아직 안 끝났어요 | 브랜드 프로젝트 매니저 이효정
집 근처 공원 호수에 하늘이랑 구름. 나무가 비치면 숨통이 트인다.
얼른 자고 일어나서 내일도 호수공원 가야지.

1년 정기구독

《AROUND》는 격월간지로 짝수 달에 발행됩니다. 정기구독을 신청하시면 매거진과 함께 한 명의
작가가 1년간 연재하는 에세이·포스터 시리즈 '어라운드 페이지', 그리고 어라운드 온라인 콘텐츠
이용권이 제공됩니다.

《AROUND》 매거진(총 6권) & 어라운드 페이지 & 온라인 콘텐츠 이용권
97,200원 / a-round.kr

AROUND NEWSLETTER

책에서 못다 한 이야기를 펼쳐 보입니다.
또 다른 콘텐츠로 교감하며 이야기를 넓혀볼게요.
홈페이지에서 뉴스레터를 구독해 주세요.

a-round.kr > Newsletter

Publisher

송원준 Song Wonjune

Editor in Chief

김이경 Kim Leekyeng

Senior Editor

이주연 Lee Zuyeon

Editor

오은재 Oh Eunjae

Art Director

김이경 Kim Leekyeng

Senior Designer

양예슬 Yang Yeseul

Cover Image

임정현 Lim Junghyun

Photographer

이요셉 Lee Joseph

최모레 Choe More

해란 Hae Ran

Project Editor

김건태 Kim Kuntae

전진우 Jun Jinwoo

정다운 Jung Daun

한수희 Han Suhui

한승재 Han Seungjae

Illustrator

서수연 Seo Sooyeon

세아추 Sea Choo

요리 Yoli

장세모 Zang Semo

휘리 Wheelee

AROUND PAGE

임진아 Im Jina

Marketer

윤혜원 Yoon Hyewon

Copy Editor

기인선 Ki Inseon

Management Support

강상림 Kang Sanglim

Advertisement

김양호 Kim Yangho

김갑진 Kim Gabjin

Publishing

(주)어라운드

도서등록번호 제 2014-000186호

출판등록일 2009년 12월 5일

ISSN 2287-4216

창간 2012년 8월 20일

발행일 2023년 4월 5일

AROUND Inc.

서울시 마포구 동교로51길 27

27, Donggyoro 51-gil, Mapo-gu, Seoul, Korea

광고 문의 / 070 8650 6378

구독 문의 / 070 8650 6375

around@a-round.kr

a-round.kr

instagram.com/aroundmagazine